Christian-Wilhelm Haken

Beitrag zur Erläuterung der Stadtgeschichte von Stolp

Zweiter Beitrag

Christian-Wilhelm Haken

Beitrag zur Erläuterung der Stadtgeschichte von Stolp
Zweiter Beitrag

ISBN/EAN: 9783743478695

Hergestellt in Europa, USA, Kanada, Australien, Japan

Cover: Foto ©ninafisch / pixelio.de

Manufactured and distributed by brebook publishing software
(www.brebook.com)

Christian-Wilhelm Haken

Beitrag zur Erläuterung der Stadtgeschichte von Stolp

Zweyter Beytrag

zur Erläuterung der Stadtgeschichte

von

 **Stolp,**

darinn

von ihrer

Reformationsgeschichte

und

derselben Folgen

eine urkundliche Nachricht

ertheilet

Christian Wilhelm Haken,

Pastor primarius, der stolpschen Synode Präpositus, der Schulen Ephorus, wie auch
Ehrenmitglied einer Gesellschaft naturforschender Freunde in Berlin.

Scilicet vt fuluum spectatur in ignibus aurum,
Tempore sic duro est inspicienda fides.

OVID.

Danzig,
bey Daniel Ludwig Wedel, 1775.

Dem

Hochwohlgebohrnen Herrn,

H E R R N

Wilhelm Sebastian

von Belling,

Sr. Königl. Majestät von Preußen hochbe-
stallten Generalmajor bey der Cavallerie und Chef
eines Regiments Husaren,

Erbherrn

auf Schojow, Schwebkow c. c.

Seinem gnädigen Herrn,

widmet und übergiebt

diesen

zweyten Beytrag

zur

stolpschen Stadtgeschichte

mit Bezeugung seiner großen Ehrfurcht

und

Anwünschung alles wahren Wohlergehens

Der Verfasser.

Hochwohlgebohrner Herr!
Hochbestallter Herr Generalmajor!

Gnädiger Herr!

Wie Ew. Hochwohlgebohrnen Dero unterhabendes Regiment als einen Vater verehret, so hat Dero Leutseligkeit sich auch die Herzen der hiesigen Bürgerschaft, in allen Ständen, verbindlich gemacht, ich wage es daher, bey dieser Gelegenheit, das Gefühl der Ehrfurcht, so alle Einwohner von Stolp belebet, durch dies öffentliche Zeugniß der Welt vor Augen zu legen, und ein Ausleger ihrer einmüthigen Gesinnungen zu werden, der Triebe, welche sie auffodern, Dero Tage zu feyern, und Dero Hochadlichen Hause das beste Wohlergehen anzuwünschen.

Hierdurch aber werde ich der Ausleger meines eigenen Herzens; es weis die herablassenden und beschämenden Gnadenbezeugungen, mit welchen Ew. Hochwohlgebohrnen mir jederzeit begegnet sind, in ihrem wahren Werth zu schätzen, und also aus der Fülle eines wallenden Herzens wünsche ich Ew. Hochwohlgebohrnen, Dero theuresten Frau Gemahlinn Gnaden und gesammten Hochadlichen Hause die besten Segnungen des guten Gottes.

A 3   Genießen

Genießen Ew. Hochwohlgebohrnen, nebst der Gnade dieses Königes aller Könige, auch beständig die Gnade Ihres Monarchen: Sein Auge müsse Dero schönes Regiment nie ohne Wohl-
gefallen sehen, und dasselbe noch lange die Lorbern eines verdienten
Ruhms, im Krieg und Frieden, einärndten.

Noch nie habe ich bey Ew. Hochwohlgebohrnen eine Fehlbitte gethan, es sey denn auch dieses keine Fehlbitte, wenn ich Ew.
Hochwohlgebohrnen gehorsamst ersuche, mir und meinem Hause
noch ferner Dero hohes und gnädiges Wohlwollen zu gönnen, und
mich dadurch noch mehr zu verpflichten, mit der größten Ehrfurcht
zu verharren

Hochwohlgebohrner Herr!
Hochbestallter Herr Generalmajor!
Gnädiger Herr!
Ew. Hochwohlgebohrnen

Stolp, den 8 Febr.
1775.

unterthänigster Diener,
Christian Wilhelm Haken.

Vorbericht.

Jch muß es, nicht allein gegen die hiesige gute Stadt, sondern auch gegen das gelehrte Publicum, mit dem lebhafte-sten Dank erkennen, daß mein Erster Beytrag zur Er-läuterung der Stadtgeschichte von Stolp so geneigt aufgenommen, und nach den guten Absichten und Empfindungen meines Herzens beurtheilet worden, die mich bey Ausfertigung des-selben geleitet haben.

Eben dies hat mich bewogen, nunmehro auch den Zweyten Beytrag folgen zu lassen, zumalen die berühmte Wedelsche Buch-handlung in Danzig sich entschlossen, den Verlag dieser fortzuse-tzenden Arbeit über sich zu nehmen, deswegen dann auch der erste Beytrag zum andern mal wieder abgedruckt worden, wobey ich zu-gleich noch einige Zusätze und Verbesserungen gemacht habe, die hof-fentlich nicht ohne Nutzen seyn werden.

Dieser mein zweyter Beytrag enthält die Begebenheiten ei-nes Zeitraums von dreyßig Jahren, aber auch eines Zeitraums, wel-cher sowohl für Stolp, als überhaupt für das gesammte pommersche Religionswesen, allemal sehr interessant heißen kann. Ich habe durchgängig eine ganz unparteyische Feder geführet, und mich den Faden hiesiger archivischen Urkunden und Nachrichten allein leiten lassen; bloß da, wo diese schwiegen, habe ich unsere Chronikanten mit zu Rathe ziehen müssen, wozu ich aber fast lauter stolpsche Stadt-kinder gewählet habe, von denen man doch das, wenigstens wahrscheinlich,

scheinlich, muthmaßen kann, daß sie manches richtiger gewußt haben und wissen können, als Fremde.

In dieser Art Erzählungen, vorgefallener Begebenheiten, öfters für Auswärtige zu local zu werden, ist wohl beynahe unvermeidlich; bey dem allen aber schmeichele ich mir, daß ich dennoch nicht bloß für Stolp, sondern zugleich für die Aufklärung unsrer pommerschen Kirchengeschichte, in einer ihrer wichtigsten Epochen gearbeitet habe.

Der Herr gebe, daß auch dieser uneigennützige Gebrauch meiner sehr wenigen Nebenstunden nicht ohne Segen sey, alsdenn soll es mir eine wahre Freude seyn, diese an sich mühsame Arbeit, so lange der Herr will, fortzusetzen.

Er, der unter den heftigsten Stürmen, in den schwersten Versuchungs- und Prüfungsstunden, treu, väterlich, weise über sein Zion, auch hier in Stolp, gewachet hat, bleibe fernerhin unsre Stärke, unser Fels, unsre Burg, unser Erretter, unser Schild und Horn unsers Heils und unser Schutz, daß unsrer Kindeskinder späte Enkel Ihm noch zujauchzen müssen: Herr, du bist würdig zu nehmen Preis und Ehre, du Gott Israel! Geschrieben, Stolp, den 8 Febr. 1775.

Christian Wilhelm Hafen.

Reformationsgeschichte
der Stadt Stolp.

§. 1.

Als der selige Zeitpunkt erschienen war, da Gott das Licht aus der
Finsterniß des Aberglaubens und der dicksten Unwissenheit wollte
heißen hervorgehen, und einen hellen Schein in unsre Herzen
geben, ist unser Vaterland eine mit von den ersten Provinzen
gewesen, welcher diese gnädige Heimsuchung Gottes zu statten
gekommen, und dieser Zeitraum ist so voll von deutlichen Spuren der göttlichen Weisheit, Macht und Güte, daß man sich nicht ofte genug in eine
demüthige Bewunderung derselben einlassen kann, insonderheit wenn man
gewahr wird, wie öfters ein geringscheinender, nichts bedeutender Umstand
die größten Auftritte hat eröfnen und der Ausführung der heilsamsten Absichten Gottes Bahn machen müssen.

§. 2.

Ein so geringscheinender Umstand schien es anfänglich zu seyn, als
der Kircheninspector zu Treptow an der Rega, Otto Slutovius, 1520
dem gelehrten Joh. Bugenhagen über Tische eine von Leipzig erhaltene
Neuigkeit, nämlich das Buch Lutheri: de captivitate babylonica, reich-
te. Bugenhagen, voll Neubegierde, blätterte etwas darinn, fällete aber
das schnelle Urtheil: daß Luther der gefährlichste Ketzer sey, welcher
bisher in der Kirche aufgestanden, und steckte das Buch in die Tasche.
Zu Hause bekam er Lust, es ganz durchzulesen, und fand darinn so viel
Licht, Wahrheit und Ueberzeugung, daß er, des andern Tages, in der
vorigen Gesellschaft von Luthern bekannte: Dieser Mann siehet allein
die Wahrheit und die ganze Welt ist blind. — Bugenhagen war Re-
ctor an der treptowschen Stadtschule, und wegen seiner wahren und großen

II. Beytrag.   B   Gelehr-

Gelehrsamkeit hatte der Abt des nahebey gelegenen Klosters Belbuck, Johann Bolduan, ihm aufgetragen, daß er die unwissenden Mönche seines Klosters etwas unterrichten sollte, und ihn deswegen schon 1517 in das Collegium Presbyterorum s. Sacerdotum aufgenommen. Es stand daher Bugenhagen bey dem Kloster sowohl als der Stadt in ungemein großem Ansehen, und sein von Luthern gefälltes Urtheil erregte daher bey allen Einwohnern Nachdenken und reiflichere Erwägung einer so wichtigen Sache. Man fand, daß Bugenhagen von Luthern ganz recht geurtheilt hatte, und der Abt sowohl als andere, z. E. Andreas Knopf, oder Knöpke, Joach. Möller, Johann Kurke, Christian Kettelbut, nebst vielen Mönchen und Studenten, auch ein gut Theil der treptowschen Bürgerschaft wurden der reinen Lehre geneigt, daß sie solche öffentlich bekannten und andere davon zu überzeugen suchten.

§. 3.

So brach denn in dieser Gegend die Morgenröthe des herrlichen Evangelii an, damit aber auch die benachbarten Städte und Provinzen desto eher an diesem Glück Theil nehmen möchten, ließ Gott es zu, daß der, sonst gelehrte, aber mit Unverstand eifernde Bischof zu Cammin, Erasmus Manteufel, eine harte Verfolgung wider diese ersten Bekenner der Wahrheit erregte a), indem er dem Herzog Bogislaf X, als er vom Wormser Reichstage zu Hause kam, so viel zusetzte, daß er den Reichstagsabschied mußte publiciren und wider die vermeynten Ketzer vollstrecken lassen. Dies zwang nun die ganze Gesellschaft, welche der Wahrheit Gehör gegeben, das Kloster Belbuck zu verlassen, und Gott warf sie, als brennende Lichter, an verschiedene Oerter hin, wo sie ein neues Feuer des Glaubens anzünden sollten; der Abt Joh. Bolduan ward Pfarrherr in Belitz — Andr. Knopf und Joach. Möller giengen nach Riga — Bugenhagen nach Wittenberg — Johann Kurke nach Stralsund, und Christian Kettelbut wandte sich 1522 b) nach unserm Stolp, woselbst er Pleban c) ward.

§. 4.

---

a) S. Jänken im Leben Bugenhagens S. 12.

b) Jänke a. a. O. bestimmt zwar das Jahr 1521, es ist aber nicht wahrscheinlich, dem B. Carith starb erst den 26 Nov. 1521, und Erasmus konnte nicht eher, als zu Anfang 1522 den bischöflichen Stuhl besteigen. Vergl. Cramers K. H B. III S. 50.

c) S. meinen ersten Beytrag §. 3. c).

§. 4.

Dieser Christian Kettelhut war nun das erste Werkzeug, welches Gott brauchte, unserer geliebten Stadt mit dem Lichte des Evangelii vorzuleuchten; denn er traf hier den Probst des Klosters und ersten Pfarrherrn der großen Kirche, Thomas Hecket, an, derselbe ließ sich gewinnen, und machte mit Christian Kettelhut, zur Ausbreitung der reinen Wahrheit, gemeinschaftliche Sache; beyde aber wurden darüber abgesetzt, und die Oberaufsicht über das Kloster und Kirchenwesen einem gewissen Wilhelm Natzmer gegeben d), solchergestalt mußte Kettelhut in dem ersten Jahre seines Hierseyns Stolp schon wieder verlassen, und zwar, ohne daß er anders wohin einen Ruf gehabt hätte; denn, nach Cramers e) Erzählung ist er von Stolp in die Gegend von Wolgast gegangen, hat seinen Mönchshabit abgelegt und sich weltlich gekleidet, nachher hat er einem gewissen Hans Schwerin gedienet, bis er 1524 nach Stralsund berufen worden, woselbst er mit seinem vormaligen Amtsgenossen, Joh. Kurken, zugleich gearbeitet hat, und 1557 gestorben ist.

§. 5.

Stolp schien nunmehro ganz verwaiset zu seyn, und es war zu fürchten, daß dieser kleine Funke bald wieder erlöschen würde; allein Gott wachte doch über seine Heerde, es mußte aus dem Schooße unsrer Bürgerschaft selbst ein Mann aufstehen, welcher das fortsetzte, was Kettelhut angefangen hatte, dieser war ein Edelmann und Patricius, Namens Peter Suaue, er hatte auch im Kloster Belbuck studiret und gelehret, daher ein altes Manuscript ihn Praeceptorem monachorum in monasterio Belbuc nennet f). Ehe die Verfolgung angieng, war er schon in Wittenberg, woselbst ihn Lutherus ungemein lieb gewonnen, und durch sein Zureden ward Bugenhagen eben nach Wittenberg gezogen. Als er sich unter diesen Lehrern in den Wissenschaften, und sonderlich in gründlicher Erkenntniß der seligmachenden Wahrheit recht feste gesetzt hatte, kehrte er in seine Vaterstadt zurück. Der gute Saame, den Kettelhut hier schon ausgestreuet

B 2　　　　　　hatte,

---

d) S. meinen ersten Beytrag S. 3.
e) B. III. c. 13. f. 50.
f) Es kann hierbey Chyträus in Vand. p. 37. verglichen werden, nach meinen, von dem sel. D. Colberg herrühren den, Nachrichten, hat er auch, wie es heißt,

ein elegans epitaphium auf Bogislaf X. geschrieben, so aber der berühmte Herr D. Oelrichs in f. geprief. Unb. der Pom. Hist. S. 19·24 nicht mit angemerkt hat. Vielleicht kommt es mir noch zu Händen, da ich es denn künftig mittheilen will.

hatte, fieng an zu keimen, und das ermunterte unsern Peter Suauen, daß er in einem Privathause etlichen guten Freunden, sonderlich den Lehrern an der großen Schule, die Epistel an die Römer erklärte, und insonderheit die Wahrheit von der Rechtfertigung ohne Verdienst, allein durch den Glauben an Jesum Christum, ihnen einschärfete. Diese aus der Dunkelheit hervorgezogene Wahrheiten blieben nicht bloß bey denen, die Suaue unterrichtete, nein, Aeltern und Schullehrer brachten solche ihren Kindern und Schülern bey, und so siegete die Kraft Gottes selig zu machen, daß derer, die die Wahrheit des Heils erkannten, von Tage zu Tage immer mehrere wurden, und sonderlich wuchs allhier die Begierde, Gottes Wort zu lesen, wodurch der verführte blinde Haufe endlich anfieng mit eigenen Augen sehen zu lernen. Wie lange er sich in Stolp aufgehalten, kann ich nicht sagen, so viel aber weis ich, daß er zuletzt nach Dännemark gekommen, und daselbst bey dem Könige in ungemein großen Gnaden gestanden.

§. 6.

Uins Jahr 1525 kam ein anderer hieher, welcher das Evangelium predigen wollte, er wählte aber dabey eine sehr bedenkliche Rolle. Sein Name hieß g) Johannes Amandus, der Theologie Doctor, er war aus Westphalen gebürtig, und vorhin ein Ablasprediger, so wie im Hofe der Anthoniter zu Frauenburg Stationarius gewesen, nachhero bekannte er sich zur evangelischen Lehre, und suchte solche im Holsteinischen auszubreiten; Lutherus lernte ihn kennen, und schickte ihn 1523 nach Königsberg in Preußen, wo er der erste war, welcher daselbst in der altstädtischen Kirche öffentlich das Evangelium lehrte. Den 14 März 1524 empfahl ihn der Marggraf Albrecht den Altstädteren aufs beste i), und er ward ihr Prediger. So hoch ihn auch anfangs Lutherus hielte k), so änderte er doch hernach seine Meynung von ihm, denn er sahe bald ein, wie sehr Amandus auf der Zwinglischen Seite hieng, und von dem carlstadtschen Enthusiasmus angestecket war, und wie er nicht würde unterlassen haben, an den carlstadtschen Unruhen Antheil zu nehmen, wenn er in Wittenberg geblieben wäre, daher schrieb Lutherus an Brismannen, Amandum

abiisse

---

g) Es ist ein Jrrthum, wenn Cramer und andre ihm den Vornamen Petrus geben. Der berühmte Herr D. Arnold, mein ehemaliger verehrungswürdiger Lehrer, ertheilt in s. Hist. der Kö-

nigsb. Univerf. Th. II. S. 475. von ihm glaubwürdige Nachricht.

h) S. Erl. Preußen B. III. S. 195..
i) S. Act. Bor. B. II. S. 430.
k) S. Ebend. B. I. S. 792.

bilisse gaudeo. Aber auch dieser Brismann, welcher Thumprediger in Königsberg war, konnte mit Amando sich nicht vertragen; denn Brismann war von einer sanften Gemüthsart l), Amandus aber zur Schwärmerey und Sturmlaufen aufgelegt, daher mußte er 1525 Königsberg verlassen, und sein Heil weiter suchen.

§. 7.

Von Königsberg wandte er sich nach Danzig, er fand aber hier so wenig Aufnahme, als es ihm glücken wollte, seinen vorigen Posten in Königsberg wieder zu erhalten m). Daher setzte er seinen Stab weiter, und kam hieher nach Stolp. Anfänglich lebte er unbekannt und stille: alles was er that, war dieses, daß er in Conrad Manteufels Hause, nicht weit von der Schule, einigen guten Freunden, die ein Vertrauen gegen ihn äußerten, in den göttlichen Heilswahrheiten Unterricht aus Gottes Wort ertheilte, es dauerte aber nicht lange, so entstanden daraus unter der Bürgerschaft allerhand getheilte Meynungen. Einige, welche so lange in sicherer Ruhe geglaubet hatten, was die Kirche glaubt, wollten sich nicht gerne daraus stören lassen, und wurden der neuen Lehre feind; andern hingegen giengen die Augen über ihre Irrthümer auf, und nahmen das Wort der Wahrheit mit Sanftmuth an, solchergestalt sahe der Magistrat die Bürgerschaft getheilt, woraus er üble Folgen besorgete. Dem nun sofort im Anfange zu steuren, wurde Amandus zu Rathhause gefodert, und gefragt: Wer ihm erlaubt habe, und Vollmacht gegeben, neue und unerhörte Lehren in der Stadt auszustreuen, dadurch die Gemüther nur irre gemacht und aufgebracht würden? Amandus antwortete mit großer Standhaftigkeit: Er sey ein Doctor der Theologie, und als solcher habe er allgemeine Vollmacht, das Wort Gottes zu lehren; was er gethan, sey auf Verlangen einiger Privatpersonen, ohne alle Absicht eines Gewinns, geschehen, und er sey bereit, von allem, was er gelehret hätte, dem Rath Rede und Antwort zu geben. Ja, zum Beweise, daß er von der Lehre, die er vortrage, vollkommen überzeugt sey, erbothe er sich,

B 3

mit

---

l) Davon findet man ein schönes Zeugniß Lutheri, indem er 1524 an ihn schreibet: „Wir haben Euch von Herzen lieb, daß Ihr darauf sehet, daß nichts mit Gewalt und Lermen, sondern alles sein durch die Kraft des Wortes getrieben werde. Der Herr erhalte und vermehre diesen Geist in Euch sowohl als in allen. S. Walchs Ausz. der Schr. Luth. Th. XXI. S. 904.

m) S. Erl. Pr. B. III. S. 194. f. Act. Ber. Th. II. S. 419 f.

mit allen hier und umliegend befindlichen Geiſtlichen öffentlich zu diſputiren: Man ſolle ein Feuer auf dem Markte anzünden, würde er unterliegen, wolle er ſich lebendig verbrennen laſſen; würde aber das Gegentheil verlieren, ſo verlange er von demſelben nichts mehr, als der Wahrheit beyzupflichten n).

§. 8.

Dieſes ganze Betragen ſchildert uns den Character des Amandus. Er mochte es wohl recht aufrichtig meynen, brauchte aber nicht Ueberlegung genug, die Sache ſo anzufangen, daß er nicht mehr Schaden als Vortheil anrichtete; denn das war hier der Erfolg. Leute unter den Päbſtlern, die Gelehrſamkeit und Gaben hatten, wurden ſo leicht nicht bis Stolp gelaſſen, es waren hier armſelige Mönche und Prieſter, die genug zu wiſſen glaubten, wenn ſie ihre Horas halten und Meſſe leſen konnten, daher war leicht voraus zu ſehen, wer den Kürzern ziehen würde; das Klügſte war, die Geiſtlichkeit erſchien auf die Einladung des Magiſtrats gar nicht, ſie wurden ſogar durch die Diener genöthiget, aber auch hier kamen nur ein Paar alte Greiſe zum Vorſchein, welchen bey dieſer Lage der Sache, und dem Bewußtſeyn ihrer Schwäche, nicht wohl zu Muthe war. Sie gaben zu, daß ſich viel Falſches und Unlauteres in die reine Lehre der Kirche möchte eingeſchlichen haben, ſo ſie aber nicht abändern und noch weniger mit einem ſolchen Gegner ſich in Streit einlaſſen könnten. Der Magiſtrat befahl ihnen alſo, den geiſtlichen Stand zu verlaſſen, und eine andre Lebensart zu erwählen, wozu er ihnen hülfliche Hand leiſten wollte, widrigenfalls ſollten ſie ihre Klöſter und Pfründen fahren laſſen o).

§. 9.

Mittlerweile hatte der Pöbel mit großer Ungeduld gewartet, wie die Sache ablaufen würde, da dieſelbe nun einen ſo ſchimpflichen Ausgang nahm,

---

n) Greg. Lagus, welcher ein gebohrner Stolper iſt, erzählet die Bedingungen, welche Amandus vorgeſchlagen, auf eben die Art als wir. S. deſſen ſeltene kleine Schrift de Pomerania. Chyträus in Vand. S. 38 that ein gleiches. Cramer hingegen und andre behaupten; Amandus habe geſagt: Welcher Theil verlieren würde, der ſollte ins Feuer geworfen werden. Mich deucht aber,

wenn die Bedingung für die Geiſtlichen ſo ſtrenge wäre abgefaßt worden, und ſo critiſch geweſen, würde der Magiſtrat ſich mit dieſem verwegenen Manne ſo weit nicht eingelaſſen haben, es iſt ſo genug zu bewundern, daß er ſo weit nachgegeben, als wir hören werden.

o) So ausführlich erzählt Greg. Lagus den Hergang der Sache in dem ſchon allegirten Büchlein de Pomerania.

nahm, wurde alles in Wuth gesetzt, und ihr frommer Eifer, mit Unverstand, brachte sie zu der Ausschweifung p), daß sie in die Pfarrkirche giengen, den hohen Altar zerbrachen, die Bilder heraustrugen, und, wie man
leicht denken kann, viel Muthwillen verübten, sonderlich gegen die Geistli-
chen.   Ja, sie giengen so weit, daß sie den Magistrat absetzten und einen neuen
aus ihrem Mittel wähleten, woraus wohl nichts Näheres folgen konnte,
als daß sowohl dieser, als die Geistlichkeit, sich an den Landesherrn, Herzog Georg, wandten, und seinen Schutz und Beystand suchten, wobey der
camminsche Bischof, Erasmus Manteufel, auch nicht müßig war.

§. 10.

Herzog George säumte auch nicht lange, sondern kam um Martini
1525 nach Stolp, nicht nur die Sache zu untersuchen und zu bestrafen,
sondern auch der ganzen lutherischen Secte ein Ende zu machen.   Es heißt
zwar bey Chyträo und andern unsern Scribenten, daß Herzog George,
da Hans Wulf, einer aus dem neuen Rath, die Gemeine aufs nachdrück-
lichste vertreten, und J. Georg mit einem Fieber befallen worden, er über
die Stadt nichts Nachtheiliges verhänget habe.   Allein der Montag nach
Martini 1525 aufgerichtete Vertrag q) lehret das Gegentheil; waren es
gleich nicht 4000 Fl., wie Klempzen schreibet, so waren es doch 800 Fl.
Strafe, welche die Stadt erlegen mußte, die abgebrochenen Altäre sollten
wieder aufgebauet, der vorige Gottesdienst wieder angerichtet, und dazu
den Mönchen die nothdürftigen Kelche und Patene wieder gegeben werden.
Amandus sollte nicht mehr predigen, die von dem Pöbel gewählten 24
Rahtsherren setzte der Herzog wieder ab, und der alte Rath wurde wieder herge-
stellet, ja weil Amandus die Gelegenheit zu diesem Tumult gegeben, ließ
ihn

---

p) So umständlich Greg. Lagus in
der vorhergehenden Erzählung war, so
verschweigt er doch diese Ausschweifung seiner Landesleute, die er vielleicht dadurch
zu beschimpfen meynte; ein andrer Stolper aber, Nicol. von Klempzen, in seiner Schrift vom Pommerlande S. 240.

erzählt es ohne Umschweif, so auch Chyträus in Vand. p. 39.

q) Dieser Vertrag gab auch noch andern Beschwerungen und Disputen zwischen Rath und Bürgerschaft abhelfliche
Maße, daher wir solchen Beylage A. ganz
liefern werden.

ihn der Herzog aufgreifen und gefangen setzen r), ein Gleiches that der Bischof an Peter Suauen s).

§. 11.

Da nun der Herzog in obgedachtem Vergleich der Bürgerschaft frey
gegeben, „sich einen Prediger zu wählen, der ihnen das Wort Gottes lau-
„ter und rein, ohne alle Fabeln und unnütz Geschwätz, nach Auslegung der
„Doctoren Hieronymi, Augustini, Ambrosii und Gregorii laut des H.
„Röm. Reichs und Herzoglichen Ordnung predigen und lehren sollte, „ so
traf 1525 t) die Wahl einen gewissen M. Jacob Hogensee, einen
Mann, der so recht für die Stelle und Epoche gemacht zu seyn schien, zu
und in welcher er berufen war. Er war den 25 Jul. 1495 in Preußen gebohren,
und D. Luthers fleißiger Schüler, nach erlangten Fähigkeiten gieng er 1520
von Wittenberg nach Danzig, um daselbst den Saamen des Evangelii
auszustreuen, die Danziger aber vertrieben ihn, die Stolper hingegen
                                                                    nahmen

r) Es erhellet solches aus einem Schreiben Lutheri, welches er auf Anhalten
der hiesigen Bürgerschaft an den Chur-
fürst Johann ergeben lassen, darinn er
denselben bittet, daß er, des Amandi
wegen, ein Vorwort bey Herzog Geor-
gen einlegen wolle. Der Brief ist folgender: Gnad und Fried in Christo.
Durchl. Hochgebohrner Fürst. Es
hat der Hochgebohrne Fürst Herzog Georg zu Pommern, durch bö-
ser Leute Geschäfte, einen evangelischen Prediger, mit Namen D. Amandus, setzen lassen und viel Unlusts
leiden. Nun bitten seine Leute
Ew. Churfürstl. Gnaden um eine
Fürschrift an obgenannten Herzogen
für den guten Mann, wiewohl sie
ihn beschuldigen als aufrührisch, so
geben doch die Stadt Stettin und
Prediger daselbst ein gut Zeugniß
von ihm, so habe ich ihn auch neu-
lich allhier verhöret und kenne ihn
wohl, hatte auch gute Briefe mit
sich: Bitte derhalben unterthänig-

lich, Ew. Churfürstl. Gnaden wollen ein christlich Werk thun, und
Christum in seinen Geringen helfen
suchen im Gefängniß, und eine Fürschrift für den Gefangenen uns zu-
fügen, die sollen wir förter schaffen.
Hiermit Gott befohlen, Amen. Don-
nerstag nach Jubilate (d. 26 April)
1526.
                    Mart. Luther.
Vielleicht ist hierauf seine Loßlassung er-
folget, er ward nachhero der erste Superintendent zu Goßlar, und starb
1530. S. Heineccii Antiq. Gosl. B. VI.
S. 448 ff.
s) Cramer K. H. B. III. S. 56.
t) Einige setzen das Jahr 1523, am
wahrscheinlichsten aber ist, daß er 1525
erst nach Stolp gekommen, es kann aber
immer seyn, daß er sich schon ein Paar
Jahr vorher, so bald er von Danzig vertrieben worden, hieher begeben, und sich
hieselbst ganz in der Stille aufgehalten,
bis er endlich zum öffentlichen Lehrer hie-
vor gerufen worden.

nahmen ihn mit Freuden auf. Er hatte den gegründeten Ruhm eines from-
men, geschickten und gelehrten, wie auch sehr beredten Lehrers u), sonderlich ahmte er dem Melanchthon, welchem er an Gesichtsbildung sehr
ähnlich war, auch in der Sanftmuth und Redlichkeit nach. Er war es, der
die von Amando aufgebrachten Gemüther der hiesigen Bürgerschaft wieder
zur Ruhe brachte. Das Andenken seiner bewiesenen Amtstreue ist hieselbst
noch in großem Segen. Sich selbst, durch ämsiges Studiren, Kännt-
nisse zu erwerben, war seine erste, und solche andern wieder beyzubringen,
seine nächste Sorge. Jedermann sahe ihn freundlich, die Armen wohlthä-
tig, und alle Bürger betrachteten ihn als ihren gemeinschaftlichen Vater.
Von 1525 bis 1535, da Johann Bugenhagen hieselbst Kirchenvisitation hielte, war er nur als ein Interimsprediger zu betrachten, und sein
Gehalt war 20 pommerische Gulden, diese mußten auch noch dazu von Haus
zu Haus gesammlet werden, er verzehrte darüber sein väterliches Vermögen,
und seiner Frauen eingebrachtes gieng mit darauf, dennoch aber, ob er
gleich einen Ruf nach Riga, Königsberg, Colberg, und durch Melanchthon, an den sächsischen Hof erhielte, blieb er in Stolp, wo die zärtlichste
Liebe der ganzen Bürgerschaft ihn seine Armuth nicht fühlen ließ: ja er warb
ein Gefährte aller ihrer großen Drangsale, die wir nachhero erzählen werden. Selbst die Danziger, die ihn vertrieben hatten, bothen die Hand
zu seinem Unterhalt, sie schickten ihm Kinder zum Unterricht her, und thaten ihm dagegen manchen Zuschub; denn jetzt sahen sie seinen Werth ein,
und vermißten, was sie an ihm verlohren hatten x).

§. 12.

Im Jahr 1535 hielten D. Bugenhagen und die ihm Zugeordnete
hieselbst Kirchenvisitation. Er gab den pommerschen Fürsten den Rath,
daß sie zu Greifswald, Stettin und Stolp Superintendenten verordnen
sollten, welche das bischöfliche Amt verwalteten. Dieser Rath ward befol-
get — Kniepstro kam nach Greifswald — Paul a Rhoda nach Stettin, und für Stolp empfahl er dem Herzoge Barnim unsern Jacob Hogensee;

---

u) Lorenz Möller Stolpensis in epi-
stola de obitu *Melanchthonis* ad ordinem
Senatorium Stolpensem nennet ihn: Re-
verendum Virum triplici literatura in-
struktum. s. Pom. Bibl. B. IV. S. 150.

und Zülich in Hist. Episcop. Camm. c. III.
§. IV. sagt: N. *Hogensee paci eloquen-
tia et modestia populum instruxit.*
x) Man vergleiche hiebey die Unters.
Nachr. vom Jahr 1735. S. 395 ff.

gensee; der Herzog willigte darein. In einem Schreiben von Colbatz an Pfingsten 1553 an seine Räthe, heißt es: „Was den jetzigen Superin-„tendenten und Pfarrherrn, Jacobum Hogensee, belanget, ist derselbe „durch unsre verordnete Visitatorn zu dem Amt allererst ordentlicher „Weise bestellet und mit Besoldung y) versehen. Um diese Zeit wurde er also erst öffentlicher und ordentlicher Prediger in Stolp, von D. Bugenhagen zum Superintendenten eingeweihet, und ihm das Recht verliehen, die Candidaten zu examiniren und zu ordiniren, welches bey der hiesigen Präpositur und Ministerio von daher bis 1691 z) auch unverrückt geblieben

---

y) Diese Besoldung waren 80 zwei (Gulden), welche nunmehro auf 100 gute Gulden erhöhet sind, so das fixirte Gehalt eines hiesigen Präpositi ausmachen.

z) Versuche, dieses Recht von der stolpschen Präpositur abzubringen, wurden zwar genug gemacht, aber eine lange Zeit ohne Wirkung. Zu allererst regte sich der General-Superintendent, Christian Groß, und schrieb unterm 30 Jan. 1618 an den Präpositus Zimmermann, daß er ihm, als General-Superintendenten, die Candidaten, so bald sie sich meldeten, zuschicken sollte, daß er solche privatim examiniren könnte, alsdenn könnte der Präpositus sie ordiniren und um Specialverordnung zur Institution Ansuchung zu thun — Dies Zumuthen lehnte Zimmermann von sich ab, darauf wandte sich Groß ans Consistorium. Dieß gab, sub dato Colberg den 18 Aug. 1658, eine Resolution, darinn dasselbe von dem Präposito eine gründliche Nachweisung verlangte, „quo jure et au-„ctoritate er dergleichen functiones absque „commissione Superintendentis sich ange-„maßet?„ Diese aber ward dergestalt gründlich ertheilet, daß bis 1669 alles beym Alten blieb, damals aber fieng der General-Superintendent seine Klagen aufs neue an, und erhielt von Sr. Churfürstl. Durchl. einem Befehl unterm 27 März 1669 an den Präpositum Zimmermann, darinn demselben alles anbefohlen wurde, was der General-Superintendent gebethen hatte. — Jedoch Zimmermann schützte sich und blieb immer im Besitz. Der nachherige General-Superintendent, Sylvester Grabe, war ein alter academischer Freund von dem folgenden Präposito, Adam Placotomius, den nicht zu kränken, ließ er die Sache ruhen, und als er etwas versuchen wollte, starb er 1687 darüber; nun aber trat der General-Superintendent Heiler, als ein muthiger Streiter, auf: Er wandte sich gerade an den Churfürsten, erhielt aber keine Antwort. 1691 kam er abermal mit einer weitläuftigen Schrift, von sieben Beweis- oder Bewegungsgründen, die zum Theil sehr sichte sind, ein, und da erhielt er, unterm 3 Nov. 1691 endlich die völlige Inhibition an den Präpositum Placotomium. Dieser ist, ich weiß nicht warum, dabey stille geblieben, was er versäumet hatte, suchte zwar der Präpositus Sprögel wieder herzustellen, es war aber alles vergebens; denn das Rescript d. d. Berlin den 19 April 1717 verbindet die Examina und Ordinationes lediglich an die General-Superintendentur, und schlägt alle weitere Hoffnung nieder.

blieben ist, ohngeachtet, nach Hogensees Tode, diese Superintendentur mit der Stettinschen verbunden wurde. Daß hier aber der Landesfürst der Stadt einen Prediger geben wollte, stand dem Magistrat gar nicht an, er suchte das Jus patronatus zu behaupten, setzte daher den Capellan Antons Becker ab, und äußerte auch wider den Superintendenten Hogensee Beschwerden, in Meynung, durch Bestellung neuer Prediger sich im Besitz seines Wahl- und Berufungs-Rechtes zu schützen; allein der Herzog behauptete das Jus patronatus ganz allein für sich, und befahl, Kraft dessen, sogleich, daß Becker wieder eingesetzt und Hogensee in seinem Amte ungekränkt mußte gelassen werden a). Als Superintendent wohnte Hogensee den Synoden zu Stettin 1545. 1560. 1561. 1566. bey, und starb 1573 in großer Armuth, nachdem er 48 Jahr hieselbst Prediger gewesen b).

§. 13.

Herzog George starb im Jahr 1531, und die hinterpommerschen Lande fielen durchs Loos Barnim dem XI. zu. Nunmehro hatte die reine Lehre des Evangelii sich hieselbst schon feste gesetzet; so sehr aber die Kirche an innerer Verbesserung zunahm, so viel mußte sie in Ansehung ihres äußern Wohlstandes Abbruch leiden. Wir haben schon in unserm ersten Beytrage §. 3. Not. l) angezeiget, daß das hiesige Jungfernkloster der Abtey Belbuck subordinirt gewesen; als nun auf dem Landtage zu Treptow 1534 die päbstliche Religion in hiesigen Landen gänzlich abgeschafft wurde, so fuhr Herzog Barnim sogleich zu und nahm die beyden hiesigen Klöster und dazu gehörigen Güter in seine Gewalt. Die Stadt hatte dieselbe jederzeit als ihr Eigenthum angesehen; denn die Klöster standen nicht nur unter des Magistrats Aufsicht und Schutz, sondern sie waren auch lediglich aus frommer Milde der hiesigen Einwohner ansehnlich bewidmet und in gutem Stande erhalten worden. Dies nun so mit gleichgültigen Augen anzusehen, war der Stadt wohl unmöglich, denn es giengen der Probsthof, Aecker, Wiesen, Häuser, die alle auf der Stadt Grund lagen, nebst allen ausstehenden Capitalien, Silber, Kleinodien ꝛc. verloren, welches alles der Landesfürst zu seiner Hand und Gewalt nahm. Das Jungfernkloster sollte zwar, nach

C 2   dem

---

a) Wegen des Juris patronatus ist zwischen dem Landesfürsten und dem Magistrat nachhero viel Streit und Disputirens gewesen, so aber endlich durch einen Vertrag vom 20 Dec. 1621 völlig gehoben worden; wir liefern solchen in der Beylage B.

b) Er hinterließ fünf Söhne und fünf Töchter, die eine, Sarah, heurathete der folgende Präpositus, M. David Crolle.

dem treptowschen Landtagsabschiede von 1534, in wesentlichem Stande erhalten werden, der Herzog aber sezte ihm Klostervögte, die den Jungfern
so viel reichten als sie wollten.   Das Mönchskloster wurde von dem Rentmeister Ambrosius Vormann nicht allein in Besitz genommen, sondern
auch gänzlich verwüstet, und alle seine Kostbarkeiten, die nicht geringe waren, daraus weggenommen c).   Die Mönchswiese von 40 Fuder Heu
schenkte der Herzog einem Benedict Woyten; den Mönchteich eignete sich
der Rentmeister zu, nahm auch die große Braupfanne aus dem Kloster in
die Fürstl. Brauerey: die Cartheuserburse wurde der Fürstl. Cantzeley übergeben und hernach von ihr verkauft: der Tropfgang am Strom gehemmet:
der Magistrat in der Jurisdiction turbiret: die umliegenden Edelleute ver-
rückten der Stadt Gränzen, und thaten ihr, unbeahndet, allerley Ein-
griffe: kurz, es war der Druck und das Elend der Stadt aufs Höchste ge-
stiegen.

§. 14.

Man schöpfte zwar einige Hoffnung, daß die Kirchengüter und Rechte der Stadt wieder anheim fallen würden, als D. Bugenhagen mit dem
Cantzler Bartholom. Suauen, der selbst ein Stolper war, und mit Jacob Wobesern 1535 hieselbst Kirchenvisitation hielten, und eine ordentliche Matrikul ausfertigten.   Die Visitatoren gaben auch der Stadt die Versicherung, daß alles, was zur Ehre Gottes gewidmet wäre, auch zur Er-
haltung der Kirchen und ihrer Diener bleiben sollte, und ihr Vorschlag gieng
dahin, die Einkünfte der Klosterkirche der Pfarrkirche beyzulegen, damit
die Prediger ihren gewissen Unterhalt hätten (s. erster Beytrag §. 6). Ohne
Zweifel haben also diese Männer alles, was dahin gehörte, genau verzeich-
net.   Wie aber der Visitationsabscheid herauskam, sahe man mit Erstau-
nen, daß die wichtigsten Stücke aufgelassen und an einige Hof-Diener ver-
geben, oder zu des Herzogs Gewalt gezogen worden.   Man kann sich leicht
vorstellen, wie sehr der Magistrat dem Landesherrn mit Bitten und Suppliciren zugesetzt, um so wichtige Stücke nicht fahren zu lassen, es sind noch
die beweglichsten Vorstellungen darüber vorhanden; es half aber alles nichts,
die Abgeordneten wurden nicht vorgelassen, oder hart abgewiesen, und so
                                                                    schleppte

---

c) Es war dieß zwar ein Kloster, dar-   ter andern auch von diesem Mönchklo-
inn Bettelmönche wohnten, es steckten   ster handeln werde, davon ein Mehreres
aber große Reichthümer darinn. Ich   beybringen.
werde im nächsten Beytrage, da ich un-

schleppte sich die Sache und gegenseitige Erbitterung d) bis 1542 hin, da die Fürstl. Räthe, den theuresten Versicherungen e) zuwider, immer weiser griffen, und, um im Trüben zu fischen, den Rath und die Bürgerschaft in heimlichen Argwohn zu setzen suchten, ob sie gleich ihren Zweck nicht völlig erreichen konnten. Drey Jahre lang hielt die Stadt mit Bitten und Flehen um den entzogenen Probsthof und andre ihre gegründete Freyheiten vergeblich an; da aber alles nichts helfen wollte, und man die Sache zu keiner rechtlichen Erörterung und Entscheidung wollte kommen lassen, wurde die Verwirrung im ganzen gemeinen Wesen der Stadt Stolp immer größer.

§. 15.

Bey so bewandten Umständen blieb der Stadt nichts weiter übrig, als sich an die Röm. Kaiserl. Majestät, als ihren Oberrichter, zu wenden. Zu dem Ende ward den 26 May 1542 Simon Wolder, ein stolpischer Patricius und Edelmann, bevollmächtiget, die Sache beym Kaiserl. Cammer-

C 3 mer-

d) Zu dieser Erbitterung von Seiten des Landesherrn trug zufällig wohl viel mit bey, daß die Stolper dann und wann einfließen ließen, wie sie so sehr den gelindesten Weg gegangen, daß sie sich des Vortheils, den sie in Händen hätten, nicht einmal bedienet, sie zielten damit auf ein dem Herzoge verhaßtes Privilegium von 1348, darinn die Herzoge Bogislaf und Barnim der Stadt nicht nur ihre vorige Privilegien bestätigen, sondern, weil sie sich auch mit ihrem eigenen Gelde von dem Preußischen Orden wieder eingelöset, (s. Micräl B. VI. S. 418.) die Clausul beyfügen, daß, wenn jemand ihrer Landesherren sie daran kränken wolle, ihnen frey stehen solle, sich einen Fürsten und Herrn, der ihnen beliebt, zu erwählen, verbis: nec non consules totaque vniuersitas ciuitatis Stolp libere eam honore et absque vlla imputatione nostra aut heredum nostrorum principem aut dominum, quem maluerint, eligere valeant, qui eos in suis iuribus et libertatibus velit et valeat gubernare, sub

cuius etiam dominio tam diu permanebunt, quousque eosdem transactionibus amicabilibus aut placitis recuperamus. Ohne Zweifel haben die Stolper dies Fürstliche Compliment, so die Noth gebahr, für Ernst angenommen. e) Diese gab Herzog Barnim 1541 in einem öffentlichen gedruckten Edict, darinn ausdrücklich sanciret wird: „daß „alle bewegliche und unbewegliche „Güter, Häuser, Wydemen, Pfar-„hufen, Aecker, Wysen, Fischereyen, „Weyde, Heubtsummen, Renten, „jährliche Zinse und alle andere Nu-„tzungen und Gerechtigkeiten, so den „Pfarkirchen, zu den Stetten oder „auff dem Lande vor Alters verey-„genthumbt, oder, die den reichen „und armen Kirchenkasten, durch „unser Ordnung und Bewilligung, „unser gemeynen Landschaft, trans-„fereret und verordnet, hinfür ewig-„lich by den Pfarkirchen unverrü-„cket und unverendert bleyben sollen. „u. s. w.

mergericht anhängig zu machen; und die Noth der Stadt dem Kaiser Carl V. vorzutragen. Nachdem nun Wolder dem Kaiser zu Land und Wasser nachgezogen; erhielt er endlich sub dato Speier den 27 Febr. 1543 vom Kaiser ein Verwarnungsmandat an den Herzog Barnim, die von Stolp ungekränkt zu lassen — Man sahe wohl, daß dies nicht helfen würde, darum hielt man es noch zurück, und Wolder bewirkte sub dato Cremona den 20 Jun. 1543 ein sehr hartes Pönalmandat an den Herzog f), nachdem der Kaiser zween Tage vorher, in der sogenannten güldenen Bulle g), der

f) Dieses Mandat weicht gar sehr von dem heutigen Canzleystil des Kaiserlichen Hofes ab. Daher wollen wir es in der Beylage C. ganz mittheilen.

g) An diesem, noch sehr wohl erhaltenen, großen Pergamentbriefe hänget mittelst künstlich mit Gold durchflochtener Schnüre eine maßiv-goldene Siegel-Kapsel, so über 40 Ducaten kostet hat, und darinn das Wachs gegossen ist, auf welches das große Kaiserl. Siegel abgedruckt worden, sie hält 3 7/12 Zoll rheinisch im Durchmesser, und ist von getriebener Arbeit, auf der obern Seite siehet man des Kaisers Bildniß auf dem Thron sitzend, in der rechten Hand hält er das Schwerdt, in der linken den Reichsapfel. Zu jeder Seite des Throns sind zwo Säulen, an der zur Rechten ist das Reichs-Wapen, an der zur Linken das Ungarische mit der Königl. Krone: bepde haben die Aufschrift: PLVS VL-TRA. und in der Umschrift lieset man. CAROLVS. Q. D. F. CL. RO MAN. IMP. SEMPER. AVG AC. REX GERMAN. HISPAN. VTRI. SICI. HIER'M. HVN. auf der andern Seite ist der doppelte, mit der Reichs-Krone gekrönte Adler, welcher zwo Säulen hält, worauf ebenfalls steht: PLVS VLTRA. Auf der Brust des Adlers siehet man das Kaiserliche Wapen, die Umschrift heißt:

DALM. CROA. E. ARCHID. AVST. BVRG. BRAB. E. COMES HABSP. FLAND. TIROLIS. E. ERITZ. Dies letzte Wort ist nicht deutlich zu lesen. Von diesem anhangenden güldenen Siegel oder Bulle hat nun die ganze Urkunde die Benennung der güldenen Bulle erhalten, wir werden sie unter Beylage D. beyfügen. Das Duplicat hat nur eine hölzerne gewöhnliche Siegelkapsel — Neben dieser goldenen Bulle wird auf hiesigem Rathhause auch noch eine meßingene verguldete Platte verwahrlich aufbehalten, sie ist 6 7/12 Zoll rheinisch lang, und 4 7/12 Zoll breit, auf derselben ist des Kaisers Bildniß, im Profil, sauber punktirt, mit der getheilten Beyschrift:

D. CAROLI. V.		IMPER.
TRIVM. ORB.	Louse figii.	IS. PAR.
TIVM. TRI		VMPHIS
GLORIOSISSIM		I. EFF.
IGIES 1560		P. R.

Diese hat Simon Wolder, zum Andenken der Unterhandlungen, welche er mit diesem großen Kaiser gehabt, mitgebracht. — Außer dem sind auch noch alle die Schau- und Gedächtniß-Münzen, welche der Hochsel. Fürst von Croya prägen lassen, und dem Magistrat zum Andenken geschenket, in der Privilegienlade befindlich.

der Stadt alle ihre Privilegia aufs feyerlichste bestätiget hatte: Dieses wurde den 1sten Octob. 1543 dem Herzoge insinuiret. Man darf sich wohl nicht wundern, daß dieses das Gemüth des Fürsten noch mehr aufgebracht, er schickte dahero ein, Dienstags nach Cathar. 1543 datirtes, hartes Verboth an die Bürgerschaft, nicht das geringste zu den Kosten beyzutragen, welche der Simon Wolder der Stadt so unnöthig verursachte, und der Magistrat auf die armen Bürger repartiren würde; diese aber hielten feste die Partey des Raths, und blieben entschlossen, für Aufrechthaltung ihrer Freyheiten und Gerechtsame das äußerste zu wagen.

§. 16.

Es entstand hierauf das Gerüchte: Herzog Barnim würde in Person nach Stolp kommen, und die Sache untersuchen, die Stadt schickte also um Neujahr 1544 Deputirte an den Fürstlichen Marschall Wulf Borken nach Stettin, und ließ ihn bitten, ihr die Ankunft ihres Herrn voraus zu melden, damit sie sich zu dessen Aufnahme schicken könnte, dieser aber ließ sie ohne Bescheid von sich. — Einige Zeit darauf aber schrieb der Herzog an den Rath, daß er nach Stolp kommen wolle, die Sache zu verhören, und hätten die Einwohner sich nichts Böses zu versehen. Hier glaubte man nun, daß es Zeit seyn würde, dem Fürsten das bisher noch zurückgehaltene Kaiserliche Verwarnungsschreiben vom 27 Febr. 1543 (f. §. 15.) zu insinuiren, welches durch den Secretarium, Notarien und Zeugen geschehen sollte, diese aber wurden nicht vorgelassen, und die Fürstlichen Räthe wollten es auch nicht annehmen, sondern schickten die Abgeordneten mit harten Drohworten fort. Unter andern sagte der Marschall: S. F. G. würden die Pön einmal wagen, eine dreyjährige Landsteuer sollte sie wohl wieder einbringen. — Mittlerweile brach der Herzog mit seinen Räthen und vielen von Adel von Stettin auf, und reisete gerades Weges nach Stolp. Der Magistrat schickte ihm eine neue Gesandtschaft entgegen, bedauerte, daß die Stadt in S. F. G. Ungnad gefallen wäre, bath aber, die Sache zu ordentlichem Rechtsgange zu stellen, und nichts, unverhörter Sache, über sie zu verhängen. Ein gleiches geschah bey den Räthen, mit Bitte, daß sie ihren Herrn dazu vermögen möchten: sie erhielten aber nicht viel Gehör. — Den Sonntag Lätare hielt der Herzog einen sehr prächtigen Einzug in die Stadt, welche ihm, nach alter Gewohnheit, ein Geschenk von Haber, Fisch, Bier und Wein brachte, so auch angenommen wurde.

§. 17.

§. 17.

Denselbigen Abend, als der Fürst nach Stolp gekommen war, erfuhr man, daß etliche hundert Pahnken h) und viele Bauren, anderthalb Meile von der Stadt, in das Dorf Sageritz eingerückt wären: Hierüber gerieth alles in Bestürzung: der Magistrat ließ den Fürstlichen Marschall befragen, was das zu bedeuten und wessen sie sich dabey zu versehen hätten? Sie erhielten zur Antwort: der Herzog hätte diese Leute hieher beordert, um wegen des Landschatzes und der Türkensteuer, so sie zu entrichten sich weigerten, einen Vergleich mit ihnen zu treffen. Dies beruhigte die Stadt wieder, und es ergieng eine Ladung an den Rath und die Bürgerschaft, daß sie sämmtlich, bey Eid und Pflicht, den andern Tag, als des Montags, vor dem Fürsten auf dem Rathhause erscheinen sollten. Dies geschah, und der Herzog ließ ihnen viele Verbrechen vorhalten, sonderlich dieses: daß sie, wider ihre Ehre und Eid, ihren Landesherrn bey Kaiserl. Majestät verklaget und verunglimpfet, als wenn er ihnen Gewalt gethan hätte: Er foderte also auf der Stelle von ihnen Verantwortung; man bath, ihnen nur bis auf den nächsten Tag Zeit dazu zu geben, welches mit vieler Mühe kaum erhalten wurde. — Weil inzwischen die Beysorge immer größer wurde, daß der Herzog den Proceß mit der Execution anfangen möchte; so ließ der Rath sogleich die güldene Bulle, darinn der Stadt vom Kaiser Schutz, Schirm und sicher Geleit versprochen war, an das Rathhaus, die Kirchthüren und Thore anschlagen, nebst einem besondern Zettel, darauf die Erklärung stand: daß man dadurch einen jeden warnen wolle, sich an einer dergestalt geleiteten Stadt nicht zu vergreifen — Diese Vorsicht schien um so viel nöthiger zu seyn, da die Fürstlichen Räthe, während daß die Bürgerschaft auf dem Rathhause gewesen, die Pahnken und Bauern bereits in die Stadt geführet hatten, woraus sich nicht viel Gutes versprechen ließ.

§. 18.

Jetzt folgte der Dienstag nach Lätare, welches der 24 März des 1544 Jahres war, ein Tag, welcher in den Jahrbüchern von Stolp, billig als ein Tag großer Angst und Schreckens kann ausgezeichnet werden: denn, als der Rath und gesammte Bürgerschaft Morgens um sechs Uhr wieder zu Rathhause versammlet war, und man nach mündlichen Vortrage, der in 22 Punkte

---

h) Von den Pahnken s. Dähnerts Pom. Bibl. Th. IV. S. 92.

Punkte verfaßten Beschwerden bestand, eine Vertheidigungsschrift i) verlas, darinn man sich zugleich, wenn sie ja nicht angenommen werden sollte, aufs neue zu Recht erbot und auf die Rechtsordnung berief; so drungen die Pahnken und Bauren mit gewaffneter Hand und großem Ungestüm, aufs Rathhaus, umringten den Rath und die Bürgerschaft, besetzten das Rathhaus, sprengten die Thore und nahmen den ganzen Markt in Besitz, zu welchem sie alle Zugänge verrannt hatten. — Furcht, Wehklagen, Schrecken und ängstliches Warten, was noch kommen würde, breitete sich überall unter den Bürgerfrauen und gemeinem Haufen aus, zumalen ein Gerüchte entstand, daß der Herzog unter dem Herzuge der Pahnken auch einen Scharfrichter mit kommen lassen, welches die Verwirrung der Gemüther aufs äußerste brachte. Diesen Zeitpunkt machten sich die Fürstlichen Räthe, als der Marschall Wulf Bork und der Vice-Canzler Valentin Pritz, zu nutze, und ermahnten die ganze Gemeine, daß, wer mit der an den Kaiser gebrachten Sache nichts zu thun gehabt, und weder Rath noch That dazu gegeben, von dem großen Haufen abtreten sollte, mit Versicherung, daß sie sich des Verschonens und der Gnade ihres Landesherrn vollkommen sollten zu erfreuen haben: Man erwiederte aber, von Seiten des Raths und der Bürgerschaft, daß bloß dringende Noth die Stadt veranlasset, diesen wichtigen Schritt zu thun, und glaubten sie nicht, daß ein unparteyischer Richter etwas Unbilliges oder gar Rebellisches in ihrem Verhalten finden würde: Sie erböthen sich daher nochmals, die Strenge eines ordentlichen Rechts über sich ergehen zu lassen.

§. 19.

Dies war aber alles nicht das, was man suchte. Meine Nachrichten versichern: Der Herzog habe mit Ermahnen und Drohen nicht nachgelassen, bis sechszehen oder zwanzig, übertäubt von Furcht oder Hoffnung, und weil die Räthe sie schon vorher dazu angestiftet, abgetreten sind — So war das Divide et imperabis fertig — Meines Erachtens aber wäre es wohl nie so weit damit gekommen, wenn nicht selbst im Magistrat einige gewesen, die sich von der Hofpartey gewinnen und verführen lassen. Diese waren Joachim Mislaf, welcher gar auftrat und den Magistrat verklagte, daß er, ohne Wissenschaft und Willen der Bürgerschaft, die Bestätigung ihrer Privilegien

---

i) Weil dieselbe die Wahrheit dessen, was wir bisher erzählet haben, sehr wohl bestätiget, wollen wir sie in der Beylage E noch beyfügen.

II. Beytrag.   D

vllegien bepm Kaifer gefucht; diefem ftimmte der Senator, Hans Schult, welcher Senior des Collegii war, und Hans Prifcianus, mit vollem Munde bep. Sogleich drohete der Fürft den übrigen mit der fchwerften Gefängniß. und anderer Strafe, wo fie diefem Vorgange ihrer Collegen nicht folgen würden; daburch ließen fich der Bürgermeifter, Daberman Gerke, und der Kämmerer, Ambrofius Priß, furchtfam machen, daß fie auch die Hofpartep ergriffen, denen fich auch noch andere, in der Stadt wohnende von Abel bengefelleten. Sieben aber vom Magiftrat, als der Burgemeifter Peter Suaue, Lucas Wulf, Mich. Klempz, Joh. Meyn, Thomas Kleift, Hieron. Mizlaf und Peter Verwiebe, nebft dem größten Theil der Bürgerfchaft, beharreten auf Behauptung der Rechte ihrer Stabt.

§. 20.

Ihr erftes Schickfal war, daß fie fogleich mit Hausarreft beleget, und den folgenden Tag ihrer Aemter entfeßt wurden. — Als der Herzog diefen harten Entfchluß ihnen bekannt machte, zog der Burgemeifter Peter Suaue das Pönalmandat d. d. Cremona den 20 Jun. 1543, auch das Verwarnungsmandat, ober Vorfchrift des Kaiferlichen Kammergerichts vom 27 Febr. 1543 hervor, und bath den Herzog, fie, wider Recht und Kaiferl. Majeftät Schuß, Schirm, Geleit und Pönalmandat ihres Ehrenftandes nicht zu entfeßen, noch fie zu vergewaltigen. Der Herzog aber, voll Erbitterung, antwortete: Ich will dein Mandat nicht, geh mir aus den Augen — Der Burgemeifter legte alfo bepdes bep den Fürftlichen Räthen nieder, und der Kanzelepdiener mußte es aufheben. Hierauf mußte der abgefeßte Rath alle, die Stadt betreffende, Privilegia und Documente ausantworten, und dem neuen Rath ward fcharf verboten, mit diefen Abgefeßten keine Gemeinfchaft zu unterhalten; denn es ernannte der Herzog an ihre Stelle, wider das Wahlrecht des Magiftrats, fogleich unmittelbar andere, und der neue Magiftrat beftand aus folgenden Perfonen: Daberman Gerke, Ambrof. Priß und Joch. Mizlaf, Burgemeifter — Hans Priß, Hans Schult, der jüngere, Kämmerer — Hans Schult, der ältere, Sebaft. Puttkammer, Jürg Puttkammer, Hans Teßmar, Joch. Kuhlohl, Jac. Krufe und Lorenz Lange, Senatoren.

§. 21.

Den 26 März 1544 ergieng eine Fürftliche Citation 1) an die abgefeßten und gefangenen Rathsgfleder, 2) an die Aelterleute der Zünfte, welche ebenfalls in gefängliche Haft gezogen worden, fich den erften April fämmt

lich

sich und in Person zu Rügenwalde vor dem Herzoge zu gestellen, und der gebührenden Strafe wegen zu vergleichen — Kaum waren sie in Rügenwalde angekommen, so wurden sie sämmtlich, und zwar jeder vor sich, mit Hausarrest beleget, dabey allen Advocaten und Notarien bey Leibesstrafe verboten, ihnen nicht zu dienen. Ihr Vermögen und Güter wurden gleichfalls mit Arrest bekümmert, und solches von den Kanzeln bekannt gemacht. — Als endlich die Bestrickten zu Rügenwalde bey dem Fürsten vorgelassen wurden, ward ihnen angetragen: daß sie ihren Ungehorsam und Widerspenstigkeit durch eine Geldstrafe büßen und schwören sollten, Kaiserl. Confirmation, Schutz, Schirms, Geleit, Mandaten und ihres Ehrenstandes sich zu verzeihen, und, was noch das Befremdlichste ist, solches niemanden zu eröffnen noch zu klagen; — Allein sie wiederholten ihre Beziehung auf Kaiserlichen Schutz und sicher Geleit, protestirten wider alle Vergewaltigung, erbothen sich aber zum rechtlichen Verfahren. — Der Fürst war unerbittlich, er drohete einigen der Wohlhabendsten, daß er sie so lange gefangen herumführen wollte, bis sie sich bequemeten, das hieß kurz, sie und ihre Familien an den Bettelstab bringen; ihre Standhaftigkeit aber war unüberwindlich, sie empfahlen sich Gott und der Gnade ihres Fürsten, und kehrten als Arrestanten ein jeglicher wieder in seine Herberge.

§. 22.

Des folgenden Tages ergriff der Herzog ein ander Mittel, ihren Heldenmuth zu erschüttern und sie zaghaft zu machen. Er ließ zween aus ihrem Mittel, Paul Wulfen und Balthasar Vogten, durch den Landreiter und Stadtknechte, als die ärgsten Missethäter, den andern zum Schrecken, aufs Schloß führen, sie in peinliche Gefängnisse werfen, und ihnen harte Gelübbe abbringen, die sie niemanden eröffnen noch klagen sollten, den andern wurde der strengste Befehl gegeben, sich gegen den letzten Ostertag nach Stettin zu verfügen, und ein jeglicher in einer besondern Herberge Arrest zu halten; Auch hier war der Antrag derselbe: Sie sollten Geld geben. — Sie antworteten aber: Ihres Ehrenstandes wären sie, unerlangten Rechtes, entsetzt, daß sie sich mit ihrem eigenen Gelde noch ehrlos kaufen sollten, könnten sie unmöglich thun, — sie beriefen sich auf Kaiserl. Recht, und begehrten Zeit, sich mit ihren Freunden zu besprechen; der Kanzler aber gab zur Antwort: Sie sollten andern Städten einmal recht zum Exempel dienen; wie diese Härte noch nicht verschlagen wollte, ließ sie der Fürst aus Stettin wegbringen, und hie und da in Städten und Schlössern, als Wollin, Pyritz, Damm, Gazig ꝛc. gefangen halten, in

stinkende

ſtinkende, peinliche Gefängniſſe führen, Ketten und Bolzen ihnen anlegen und ſie auf die niederträchtigſte Art behandeln, ſo, daß etliche von ihnen umkamen, etliche ganz darüber das Ihrige verzehreten.

§. 23.

Als es nun in Stolp ſo tumultuariſch zugieng, ſuchte Simon Wolder und ſein Bruder Thomas, wie auch Valentin Schönewald, den Kaiſerlichen Hof wieder zu erreichen und ihre Noth zu klagen, daher ſie die Flucht ergriffen. Der Herzog ließ ihnen nachſetzen, und Simon Wolder wurde, auf Anſuchen des Herzogs, vom Magiſtrat in Danzig angehalten k), ſein Bruder Thomas aber, und der Stadtgildemeiſter, Va-
.lentin

k) Wir haben noch ein Schreiben unterm 30 April 1544 von ihm an den Danziger Magiſtrat, darinn er ſeine Unſchuld erweiſet, und den Magiſtrat flehentlich bittet, ihn doch nicht an den Herzog Barnim auszuliefern. Wie lange er hier gefangen geſeſſen, weis ich nicht, glaube aber, daß er wohl nie wieder nach Stolp gekommen, ſondern ſich mehrentheils im Reich und beym Kaiſer aufgehalten; denn 1564 kam, ohne Anzeige des Druckerortes, ein Tractat von ihm heraus, welcher den Titel führet: Türkiſcher Untergang oder räthliches Bedenken Kaiſerl.Majeſtät FERDINANDO I. Anno 1558 übergeben, welchergeſtalt ohne ſonderbare Beſchwerniß der Oberkeiten und Unterthanen, der Groß-Türke, der Chriſtenheit Erb- und Erz-Feind zu Waſſer und zu Land zu überziehen, und mit Hülfe des unüberwindlichen Gottes zu überwinden wäre, durch Simonem Wolderum Pomeranum, 4to 7 B. Sein Bruder Thomas eilte, als er von Speier kam, nach Danzig, ſeinen gefangenen Bruder zu beſuchen, muſte aber den 14 Sept. deſſelben 1544 Jahres den Gram deſſelben noch durch ſein unerwartetes Abſterben vermehren.

Ein gerechter Bruderſchmerz errichtete ihm in der großen Marienkirche folgendes Epitaphium:

Da lachrymas tumulo, qui tranſis, chare
　　Viator,
Hae etenim tellus exulis oſſa tegit.
Quem proferre quidem potuit pomeranica
　　Stolpe,
Sed non et potuit condere membra
　　ſulo.
Ille volens patriae et capto ſuccurrere
　　fratri,
Implorauit opem, CAROLE diue,
　　tuam.
Nec Tu deſtituis profugum, ſed litera
　　mandans,
Protinus, Auguſte nomine, ſcripta da-
　　ta eſt;
Quam tamen, vt vidit Patriae, Fratrique
　　ſibique,
Triſtia non alique damna leuare mo-
　　do.
Dulcibus heu! procul a natis et coniuge
　　fida,
Abſumtus nimio fata dolore, ſubit:
Verum non potuit melius decedere vita;
　　Nam bene pro patria, qui iacet, ille
　　iacet.
Et quia ſpes illi, Tu maxime CHRISTE,
　　fuiſti,

Pro

lentin Schönewald, kamen glücklich nach Speier. Hieselbst wirkten sie beym Kaiserlichen Hofe ein abermaliges Pönalmandat aus, darinn dem Herzoge außer den vorigen Pönen noch bey Strafe zehn Mark löthigen Goldes befohlen ward, „von seinen gewaltsamen Handlungen und Ein„griffen abzustehen, die abgedrungenen Verträge und Eide zu caßi„ren, den Arrest wieder aufzuheben, Rath und Gildemeister in vori„gen Stand zu setzen, und die ausgetretene Bürger sicher in der „Stadt wohnen zu lassen„ — Dieser Befehl ward den 19 Jul. 1544 dem Herzoge durch den Kaiserlichen Kammerboten eingehändiget, hatte aber so wenig Wirkung, daß der neue Rath Befehl erhielt, noch mehrerer Bürger Güter mit Arrest zu bekümmern, von denen, die Geldstrafe zu erlegen angelobet, das Geld beyzutreiben rc. daß also das Elend der Stadt von Tage zu Tage größer wurde.

§. 24.

Unterm 16 May 1545 erfolgte abermal ein neues Kaiserliches geschärftes Pönalmandat: bey Pön und Straf in beyden vorigen Ihro Kaiserl. Majestät ausgegangenen Mandaten begriffen, Kaiserl. Mas festät und des Reichs Acht und Oberacht zu gehorsamen, mit angefügter Ladung ad videndum se incidisse, wovon zwo auscultirte Copien, eine an die Kirchenthür, die andre an des Fürsten Mühlenhof, den 13 Sept. 1545, angeschlagen wurden: so aber der neue Rath abreißen ließ; gleichwohl hätte der Fürst sich, unter einem Kaiser, als Carl V. war, wohl endlich

D 3

Pro patria coeli mens pia munus habet.
Jam cessent lachrymae, iam non lugendus vt Exul,
Cui praebent patrios sydera celsa Lares.
Nomen erat Thomae: Frater monumenta superstes
Inter Dantisci moenia structa dedit.
Valentin Schönewald kehrte das folgende Jahr von der Speirschen Reise wieder nach Stolp zurück, und gieng den 20 Sept. des 1545 Jahres sicher in die Kirche, dieselbst wollte ihn der Herzog, nach erfolgtem dritten und öffentlich angeschlagenen Pönalmandat, (s. §. 24.)

greifen lassen; er ward aber gewarnet, und blieb bis in die Nacht in der Kirche, der neue Rath aber ließ durch die Diener an den Kirchthüren auf ihn lauren, und schickte an den Superintendenten Hogensee einen aus ihrem Mittel, mit Bitte, daß er erlauben möchte, den Valentin Schönewald in der Kirche zu greifen; dieser aber setzte sich dawider, und sagte: daß er, ohne Vorwissen des Bischofs, so damals Bartholomäus Suave, ein gebohrner Stolper, war, solches nicht thun könnte, darüber kam Schönewald noch heimlich wieder aus der Kirche, und ward auf freyen Fuß gesetzt.

ſich zum Ziel legen und gehorſamen muͤſſen; es warb aber ein ganz neuer
Kunſtgriff erſonnen; denn es muße der neue Rath unterm 26 May und
10 Jun. 1546 und unterm 8 Auguſt 1549 falſche Kundſchaften ausſtellen,
darinn die auf Pet. Snauen und Simon Woldern vom Magiſtrat aus-
geſtellte Vollmachten widerrufen und als null und nichtig erklaͤret wurden.
Dieſe Kundſchaften legte der Herzog mit einem Gegenbericht dem Kaiſer
auf dem Reichstage zu Augſpurg vor, wodurch denn alle Muͤhe und Koſten der Klaͤger verloren giengen. Ich finde zwar noch ein articulirtes Li-
bell von 209 Articuln, welches den 12 Febr. 1550 zu Speier uͤbergeben
worden, dem ohngeachtet nahm die Sache den 1 Sept. 1551 einen fuͤr den
Herzog erwuͤnſchten Ausgang. — Die Endurtel war dieſe:

Urtel Burgemeiſter und Rath der Stadt und Simon Wolder
contra Herzog Barnim in Pommern, eroͤffnet zu Speier den
1 Sept. 1551.

In Sachen *poenalis et arctioris mandati et citationis ad videndum* Burgemeiſter und Rath der Stadt Stolpe und Simon Woldern Klaͤgern eines und Pommern Beklagten andern Theils, iſt ſolche Sache von
Ampts wegen fuͤr beſchloſſen angenommen, darauf, nach allem Fuͤr-
bringen, zu Recht erkant: daß gemelter Beklagter von ausgangenem
Proceß und dießem Rechtſtand zu abſolviren und zu erlediger ſey,
wie Wir ihn auch hiemit abſolviren und erledigen, und die Gerichts
Koſten derohalben, an dieſem Kaiſerl. Cammergericht aufgelaufen,
aus bewegenden Urſachen, gegen einander compenſiren und vergleichen.

§. 25.

Simon Wolder, der dieſen Ausgang nicht vermuthete, ruhete
zwar nicht, ſondern kam gleich, den 16 December 1551, im Namen
Peter Snauen und Conſorten, mit einer neuen Supplication um Ladung
beym Kaiſerlichen Hofe ein, und der Kaiſer foderte auch aufs neue vom
Herzog Barnim, daß er unverzuͤglich einen genauen Bericht vom Hergang der ganzen Sache dem Kaiſerlichen Cammergericht ſollte zukommen
laſſen. Ob ihm nun gleich dieſer Befehl den 18 Febr. 1552 ſchon zuge-
ſtellet worden, ſo erſchien er doch erſt nach Jahr und Tag, naͤmlich den
8 April

8 April 1553 mit seinem Bericht, der hieselbst noch vorhanden ist, und man siehet dem Concipienten desselben so recht an, mit welcher Aengstlichkeit er die wahren Umstände zu verstecken und eins mit dem andern zu verwirren gesucht, der Schluß ist: daß das Cammergericht die Supplicanten abweisen möchte, und dieses ist auch die letzte Urkunde und Nachricht, so ich von dieser Sache in hiesigem Archiv antreffe 1). Vermuthlich ist der Proceß bis 1556 fortgeschleppt, da Kaiser Carl V. die Regierung an seinen Sohn Ferdinand I. abtrat, und nachhero liegen geblieben, zumalen die Kläger theils verarmt, theils verstorben, theils ermüdet, zumalen sie den Ausspruch Sirachs Cap. 8, 1. so wahr befunden, da er sagt: Zanke nicht mit einem Gewaltigen, daß du ihm nicht in die Hände fallest. Man vergleiche hierbey unsern ersten Beytrag §. 3. Anmerk. 1) S. 13.

§. 26.

Aus allen Umständen dieser Erzählung wird man sehen, daß Stolp sich dieses beygemessenen Verbrechens einer Rebellion nicht schuldig gemacht; denn wenn man die beweglichen Vorstellungen an den Herzog und die Entschuldigungen lieset, die sie ihm wegen des aus Noth gewagten Schritts vorbringen, so kann man sich nicht enthalten, ein geheimes Mittleiden über ihr Unglück und den damaligen kläglichen Zustand dieser guten Stadt zu empfinden. Um so vielmehr aber haben wir Gott zu preisen, der uns jetzt, einen jeglichen unter dem Schatten seiner Flügel, dem Scepter eines huldreichen Monarchen, und der wachsamen Fürsorge eines weisen Magistrats sicher trauen läßt. — Man denke doch nie: jetzt sind es die elendesten Zeiten; sie sind vor uns weit elender gewesen. Man preise vielmehr, mit einer zufriedenen Seele, die über uns wachende, uns schützende und segnende Güte Gottes, und sorge, jeden fröhlichen und traurigen Vorfall unsers Lebens, zu Erreichung unserer letzten Bestimmung, vortheilhaft zu nutzen.

* * *

Der treue Gott nehme von uns späten Nachkommen den kindlichsten Dank an, und lasse es einen Gegenstand des Danks unsrer spätesten Enkel werden,

1) Damit man beyde Theile höre, will ich, nachdem ich die Vertheidigungsschrift der Stadt vorgelegt, meinen Lesern auch diese Urkunde unter dem Buchstaben F. mittheilen.

werden, daß Er unsern Vorfahren das reine Licht der evangelischen Wahrheit geschenket, und solches noch bis diese Stunde bey uns erhalten hat.
Er mache uns auch treu, als Kinder des Lichts, im Lichte der Gottseligkeit
zu wandeln. Jahrhunderte müssen verfließen, und nach vielen Jahrhun-
derten müsse Gott sein Feuer und Herd in Stolp noch haben. Ja, dei-
ne Einwohner, geliebtes Stolp, müssen das Volk seiner Weide bleiben,
welches Er liebet, schützet, segnet, erhöhet ewiglich: Dies müsse die Stadt
seyn, von welcher er saget: Hieselbst will ich wohnen, denn es gefällt
mir wohl.

Beylagen.

Beylagen.

Beylage A. zu §. 10.

Herzog Georgens Vertrag mit der Stadt Stolpe, zwischen E.
Ehrbaren Rath und der gantzen Gemeine Anno 1525 Montags nach Martini auffgerichtet.

Wy Jürge van Gades Gnaden Hertog tho Stettin Pommern, der
Cassuben vnd Wenden, Fürst tho Rügen vnd Grave tho Gützkow, bekennen hiermit vor jedermenniglich, Als ben die ersame vnd
vnderhanige vnd liven getruwen Burgemeister vnd Raht vnser Stadt
Stolpe an einem, und die gantze gemeinheit daselven am andern theile, in
irrunge gestanden, vnd sick ock in den andern saken, Römischer Kayserl.
Majestät vnsers allergnädigsten Herren, vhtgegangene Mandata betreffend,
gegen den Hochgebohrnen Fürsten, vnsern geliveten Brobers, Herrn
Barnimb, Hertog to Stettin Pommern der Cassuben vnd Wenden, Fürsten to Rügen, vnd Graven to Gützkow, vnd Vns gröfflich verwraket, so
haben Wir sie derselben, im Namen und Volmacht Vnses hochgemelten
Brobers vnd Vnser selvest darumb benachfolde gestalt tho gehorsamb gebracht,
gerechtfertiget vnd allersides vertragen:

1. Erstlich dat die Vnsen von Stolpe Vns von wegen des Vngehorsambs,
so sie Kayserl. Majestät vnd Vns mit Vertredunge des Mandats, vnd
andere, ertöget, tho affdragt 800 fl, als nemblich 800 Mark sundisch
vff martini tho kunfftig, des wenigen theils 26. 800 mark sundisch vff
martini; dan aver ein jahr des 27. jahres, vnd die lesten 800 mark auf
folgenden martini des 29 jahres gelden vnd bethalen scholen, vnd wollen
si ock barüver des Begangenen vnd voran getögeden Vngehorsambs halfen nicht rechtfertigen noch in ansprake beholden.

2. Tohm andern so scholen sie die altahr, so se vormahls gebraken werderumb vprichten, vnd die gewöhnliche solennität mit messen, gesengen

II. Beytrag.   C   vrb

vnb aubern, na olber gewaßnßelt ßolben laten: bewilen äverst beschwehr-
lik, dat altaßr wedderumb tho wigen, so wollen Wir bey dem hochwür-
digen, Vnserm besondern Freunde Herrn Erasmo, Bischoffe tho Cammin verschaffen und anßolden, dat en eßlike jaßre, so vele Wy der er-
ßolden mögen, indult gegeven werde.

3. Toßm dritten, scholen se keinen Prediger, den se vormals geßaßt, ßinfort to predigen gestaßßn; damit se sick äverst nicht ßebben tho beklagen,
als wolden Wy dat Wordt Gades tho predigen spärren vnbt verßlndern;
so willen Wy, dat se einen Prediger erweßlen, de en datsülvige luter vnd
rein oßne alle Fabeln vnd vnnütte geschwäße, nach vtßleggunge der Doctoren Hieronymi, Augustini, Ambrosii vnd Gregorii, laute des ßeill-
gen Romischen Rikes vnd vnser Ordnung, predigen vnd leßren
schall.

4. Toßm vierden so scholen se der Geistlichkeit von Mönnigken vnd andern,
so vele Kelke mit patenen, als en thom dienste Gades von nößden, wedderumb verreken vnd verandworden, dat also datsülvige angeteckend vnd
inventiret werde; averst dat äverblift, schall in juwer verwaßrung ge-
ßolden werden: doch dat Wy, vnd die gemeine Abell des ortßes, ein jeder ein schlott nevenst den Herren von Stolp verßengen, de breve averst
so den geistliken thoßlaßn, scholen in twier des Abells vnd twier des raß-
des tho Stolp verwaßrunge geleget werden, desülvigen scholen der von
der Geistlichkeit, so vaken en dat von nößen sien wird, tho üthmaß-
nung ever tinsen, von denselvigen copien, oder im fall der noturfft, die
originalia gegeven vnd verreket werden.

Der gedachte vom Abell vnd Raßt der Stadt Stolpe scholen nicht ge-
staben, dat jemand von der geistlichkeit jenigen hövetsummen inmaßnen,
oßne eßre weten vnd willen; So dat averst ja gescheßen solde, so schölen sie
darup seßen, dat selbe Summa wedderumb an andere ößrder geleget werde,
dar man en wedderumb tho bekaßmen weeth.

Wat äverst die baven angeschrefene Parteyen Zwietracht belanget,
darin schall eth die matße ßebben, dat de Raßet na olber ßergebrachter ge-
waßnheit, by macht vnd synen werden blieven vnd von deswegen schölen
die 24, so von der gemeine erwäßlet, ßinfort vnd na disser tydt, gar aff-
gestellet sien, vnd sick keines Regiments vnderstaßn noch vnterwinden, Tho
ßem schölen die von der gemeinheit, nebenst den 24, sick der Eyde verdragen, so se einander allenthalben gedaßn, vnd darup ein den andern tho kei-

nen

nen tneben fobern. Wo fe dan ock de 24 afgeftellet vnd der eyde ock gegen
einander verdragen hebben. Wat äverft innehment vnd vthgewandt der
Stadt betrifft, schall alfo hinfort geholden werden, dat de Burgemeifter
kein ampt der innahmen vnd vthgafen by fick hebben schölen, fonder fo vele
der ftadt bähringe vnd vphevend betreffe schall allein by der Cämerern der-
felvigen vnfer Stadt Stolpe fien und bliefen, alfo dat jahrliken von denfül-
vigen den Burgemeiftern vnd gantzen Rahde, in Bywesenheit der Oilder-
lüde, der werke, de fe dar tho leggen schölen, gebührlike rekenschop dohn;
Vnd wat alsden, na gedachter vnd entfangener rekenschop, in Vorrade
blifft, schall von den Burgemeiftern tho Beterunge der Stabt vnd derfülvi-
gen gemeinheit mittgekehret vnd gewendet werden.

Wat ock den Burgemeiftern vnd andern des Rahdes Bedeneten, von
wegen erer moege vnd arbeit, von olders, eignet und gebühret, schall von
gedachten Cämmerern vrrekct vnd gegefen werden.

Diewiell averft die gemeinheit fick hart beklaget, dat by dem Bollwerke
in der Havenung kein flieth gekehret, vnd betanhero damit verfühmlik, vnd
gemeiner Stadt, imglifen der gantzen Landtschop nicht wenig daran gelegen,
fo schölen die Burgemeifter vnd Rahtt, Einen des Rades, vnd dan faft einen geschickten von der gemeine verordnen, de vp dat Bollwerk vnd Hafenung flitig vpfehend hebben vnd wo befulvigen wor mangell an dem Bollwerk vnd Hafenung befünden, schölen fie denen Burgemeiftern vnd Rade
antegen vnd vermelden, alsden schölen die Burgemeifter, by eren eyden
vnd pflichten, dartho gedenken und verschaffen, dat datjenige, wat verfal-
len, daran befunden, gebehtert vnd gemafet werde: Wat ok von olders
vnd vth gemeiner Willköhr der Stadt von Bruwern und Seefahrenden
Koplüden, fo vth der Stadt bördig, vnd von Buthen darinnen kahmen,
dartho angefettet vnd gegeven iß worden, datfülvige schall hinfort, na vermöge der Belenunge, von gedachten Bruwern vnd Koplüden gegulden, be-
tahlet vnd besfals nicht anders, den als Beruertet, geholden werden. Wo
ok diefe Stadt von wegen eines frien troydels vff den vfern des fliethes
Stolpe an der Münde von der Herschop begnadet vnd wet fe funs berhalven
tho rechte vnd forderunge des gemeinen Beftes erholden kan, schall et der-
felvigen Stadt frie vnd unbenähmen fien.

5. Wat die Beterunge der gemeinen Buwet an der Sabt Rahthufe, Müh-
ren, Wykhüfern, Wällen, Graven, Dämmen, Brüggen vnd wo befonft
mögen genömet werden, belanget, schölen die Byrgemeiftere vnd Raht-

männere, vermittelst ehrem eyde, also ein einsehend hebben, vnd dartho
betrachten vnd gedenken, dat datsülve, wat brockſamb befunden, gebetert vnd in einen temliken Beſtand geführet, ok gemeiner Stadt thom
beſten möge vpgerichtet vnd erholden werden: Mitt den fiſcherien in de
Oyken vnd funs, ſchall idt na older gewahnheit gebruket vnd lgeholden
werden; jedoch der gemeinheit vnberaßmen vnd vnbehindert; allein in
den Graven vm die Stadt; dewiell ſe möthen beſülvigen helpen beteren vnd
vnderholden, mit ſtacknetten, ſtaffwaden vnd angelen tho fiſchende.

6. Von den fryheiten binnen vnd buthen der Stadt, ſo ſolche de gemeinheit
gegen dem Rahde beklaget, da de gedachte ohrt entzelen perſonen tho
buwende vergönt, ſchall idt de mathe hebben, dat datjenige wat vorher vnd nu mit hüſern vpgerichtet, gebuwet vnd vollentagen, vnd der gemeinen frieheit keinen ſonderliken Schaden bringet, bliven ſchölen; wat
averſt angefangen vnd nicht vollentagen iß, dat ſchall wedderumb gänt-
lik afgebraken vnd neddergelegt werden. Idt ſchall ok henfort nemand
von den Jnwahnern Boden, davon man der Stad ehre gewöhnlike
plicht deith in ſien gehöffte Buwen edder in leßen mögen.

7. Die Wahl vnd Kähre der Rathsperſonen, ſe ſind vom Adell edder anders, ſo vaken ſick de fall begrifft vnd idt die noturfft befodert, ſchall by
dem B. vhd Rahde nach older gewonheit bliven; jedoch ſo jemand vom
Rahde gewehlet vnd gekahren würde, der dar tho vnbequem edder vn-
deenlik were, ſchall de gemeinde macht hebben vns datſülvige tho vermelden vnd antotogen, alsdenn will Wy vns met gebührliker inſehun-
ge, damitt ein ander, de thom Handell geſchickt, vnd dreuſtlick iß, gekahren vnd gewehlet werde, woi weten tho holden.

8. Stadtpeerde tho köpen vnd tho holden, diſſe articul ſchall in wolgefal-
len des Rahdes, als von oldings, ſtahn vnd bliſen, jedoch vnd alſo, dat
deſülvigen nicht wider als tho vnſer vnd der Stadt notturfft gebruket
werden. Ock ſchölen de Rahdesperſonen, glyck an der gemeinen Bör-
gern, vmb de avertredinge von dem Rahde gebröcket vnd geſtraffet
werden.

9. De Fiſcheryen in de ſtadtbörne tho holdende ſchall fürbott nemande ver-
gönnet noch thogelathen werden: Ock ſchall de Rahet en ſlitig vpſehend
hebben, dat de wege by Sünte Jürgen vnd ſonſt nohtdürfftiklich vnderholden und gebetert werden, die Regalien vnd avertheilden (Superiori-
tät), ſo vns von wegen der geſchichte; ſo in dem Rahthuſe ſick begeven
eigenen

eigenen vnd thostahn, wollen Wy vor Vns vnd vnsere Erven, so vele
sick, tho Rechte vnd Billigkeit, eignet, beholden vnd vns dersülvigen
nicht begeven.

10. Wy wollen ock dat de Rahtt hinforth een stitlich vpsehen hebben schall,
dat de Vormunde der Vnmündigen nach lube vnd Ordnung derer Rechten, gesetiet vnd gekahren vnd nach vermöge dersülvigen Rechte ein ge-
bührliken Vorstandt, von en nehmen, im fall dat de verbleve, scholen
sie den Vnmündigen, so vele tho rechte schuldig, verhafftet sien. Jdt
schölen ock gemelde Vormunder dem Rahde, in Bywesen des Vnmündigen nechster frunde, jährlick reken schop dohn, damit derjenigen, so sick
sülvest nicht helpen edder rahden können, nutte vnd framen fortgesettet
werde. Wat an Hüsern vnd Erben verkofft möchte werden, dat schall
na Vermöge vnd inholts des lübeschen Rechtes geholden werden.

11. Mitt den geistliken lehnen schall idt in der Patronen Willen stahen,
wen desülvigen schälen vnd mögen verlehnet werden; so averst jemand
sick von diessem gerichte, als beschweret, von Stolpe vp frömbe gerichte
berupen vnd appelleren wolde, schall idt ock na older hergebrachter gewahnheit geholden werden.

12. Wy wollen ock, vnd sehen vor rahtt vnd guth an, dat de Rahtt web-
derumb enen Badstuven in der Stadt vprichte vnd vnderholde: De Wien-
keller schall ock, wo von oldings, wedderumb von dem Rahde vpgerichtet, vnd mit personen, de demsülvigen vorstahn, vnd davon jährliken
rekenschop dohn mögen, verforget werden.

13. Wy wollen ock dat Burgemeister vnd Rahtt be Verweser, tho allen
Rahtämptern, nicht na gunst, sondern der Stadt tho nutte, endrechtig
ordnen vnd setten, vnd desülvigen personen schwehren laten, ock von allen jahren rekenschop nehmen schölen; jedoch, dat allewege tho jederm
ampte einer von der gemeinheit gekahren vnd gewehlet werde: datt alles
watt vorsteht schall von vnsern vorgemeldten Vnderdahnen stett vnd vn-
wedderspröklich geholden vnd vollentagen werden.

Tho Urkunde hebben wy an dissen vnsen gegevenen Abscheidt vnse In-
sigell hengen lathen. Hierby an vnd aver sien gewesen die Ehrbare vnse
Rähde, leeve getruwe, Vicentz von Eichstede, vnses landes Stettin
Erb-Cämmerer; Rüdiger Massow, vnser Hofmarschalk; Jacob Wo-
beser, vnser Cantzler vnd Hauptmann zu Lowenburgk; Jost von Dewitz;

E 3   Marx

Marx Purkamer, landvoigtt vnses landes Stolpe; Jürgen Massow, Haupt Man zu Bütow: Jürgen Below zu Peest; Claus Zitzwitz zu Budow; Jochim Zitzwitz zu Muttrin, Thomas Massow tho Woblanse, Jürgen Böhn tho Kulsow geseten vnd sowenwürdige Actum Stolp Montags nach Martini Anno a nativitate Domini 1525.

(L. S.)

Beylage B. zu §. 12.

Vertrag wegen des Juris patronatus zwischen H. Bogislaf XIV. und dem Magistrat zu Stolp vom 20 December
1621.

Von Gottes Gnaden Wir Bogischlaff dieses Nahmens der Vierzehende, Hertzog zu Stettin, Pommern, der Cassuben vnd Wenden, Fürst zu Rügen, Graff zu Gützkow, auch Dero Landen sowenburgk vndt Bütow Herr rc. Uhrkunden vnd bekennen hiermitt, vor Vns, Vnsere Erben vndt nachkommende Herrschafft

Demnach zwischen Vnsern in Gott ruhenden hochgeehrten Vorfahren vndt Prædecessoren in der Landesfürstl. Regierunge Stettinschen Orthes, sodann auch Burgemeister vndt Rath in Vnser vnterthänigen Stadt Stolpe, eine beschwehrliche differentz vnd mißhelligkeit, wegen Juris patronatus an der Kirchen baselbsten, entstanden, dieselbe auch eine geraume Zeit gewähret, vnd allerhand Beschwerlichkeitten vndt empfindliches Vnwesen abgegeben, so gar, daß auch zuwellen in Bestellunge der Diener vnd Pastoren eine grosse Vnruhe dadurch verursachet worden.

Als aber gleichwoll berührter vnser Stadt mit dergleichen nicht gedienet, wir auch gerne allen müglichen fleiß anwenden wollen, damitt alle streittigkeitten vnd irrungen zwischen Vnserm hochlöblichen Fürstlichen Hause Stettin Pommern vnd der getrewen Landschafft zu Grunde abgethan vnd aufgehoben werden mögen.

Eo

So haben Wir auch dahero obgesagte Zweyhelligkeit, auf Vorwissen vnd mit Beliebunge Burgemeister vnd Raths, so auch der Gemeine in Vnser Stadt Stolpe in guethe folgender gestalt accommodiren vnd hinle‐, gen lassen.

Daß zwarten Burgemeister vnd Rath hinfüro bemächtiget sein sollen bey ihrer Stadt‐Schulen alle Schulbienere vom Obersten biß zum niedrig‐ sten ihres gefallens zu bestellen vnd anzunehmen; damit sie aber mit sol‐ chem vornehmen Werke in etwa behutsamb vmbgehen vnd keine Vngeschick‐ te darzu befordern mögen; als soll ihnen obliegen, allewege, wenn ein newer Schulbdiener anzunehmen ist, mit dem Pastorn, so dasmahl allbar sein möchte, hieraus Conferenz anzustellen, vnd dan durch ihne die quali‐ täten vnd geschicklichkeit solches newen Schulbdieners sich recht zu erkundigen. Zumahl auch sonsten, Krafft gemeiner Pommerschen Kirchen Ordnung die Auffsicht auf Schulen dem Pastori obliegen vnd gebühren wolle.

Ob Wir Vns auch allerdings befugt erachten, wenn eine Capellans Stelle bey der Kirchen erlediget dieselbe hinwieder zu ersetzen vnd einen an‐ dern zu vociren: So wollen Wir dennoch friedlich seyn, daß Burgemeister vnd Rath solche vacirte Stellen, mit Zuziehunge der Kirchen Vorstehere vnd etlicher aus der Gemeine, nicht, als wenn sie jure patronatus dazu be‐ fugt, besondern, daß solches nur vigore der Kirchen Ordnung von ihnen be‐ schehen, mit einer wohl qualificirten Persohne erfüllen vnd selbige dazu vo‐ ciren mögen. Es will ihnen aber geziemen vnd gebühren in der Vocation sich nicht Patronos zu nennen, besondern selbige einzigk allein dahin zu rich‐ ten, daß sie selbige Persohne zum Capellanat erwählet, besteller vnd ange‐ nommen. Inmassen denn auch mit der praesentation, Examine vnd Insti‐ tution, wie es sonsten gebräuchlich, vnd supremum jus episcopale, ver‐ möge der Kirchen Ordnunge, in allewege ohnstreittigk erfodert, gehalten werden soll.

Den Pastoren sonsten belangend weil demselben auch gemeinlich die Praepolitur des Ohrtes pfleget vertrawet werden, vnd billig Wir dabey große Vorsichtigkeite in acht hoben, vnd es also behutsamb anschicken müs‐ sen, daß keiner, so dem Werke nicht allerdings gewuchsen zu solchem vor‐ nehmen Officio vnd Pastorat gefurdert werde als solls damit hinfüro die Ge‐ legenheitt behalten:

Daß zwarten Burgemeister vnd Rath, wenn' der Pastor bey ih‐ nen Todes verblichen, sich einer gewissen Persohne entschliessen vnd
selbige

selbige Vns oder Vnsern Erben vnd nachkommender Herrschafft vntertthänig nominiren vnd zur Probe-Predigt vorstellen mögen: Wenn nun befindlich, daß solche denominirte Persohne zu solchem Dienste allermaßen qualificiret vnd geschickt; so wollen Wir denselben zum Pastorat in Graben approbiren und bestettigen auch ohne sonderbahre vnd gantz erhebliche Vhrsachen nicht reprobiren noch zurücke setzen.　Da sichs aber begeben solte, daß aus wichtigen Vhrsachen, vorgestellete Persohne von Vns reprobiret werden müste; so soll Burgemeister vnd Rath bemächtigett seyn auf einen andern zu gedenken vnd selbigen anderweits zu benennen vnd zu præsentiren.

Wenn aber keine probabiles causæ reprobandi vorhanden, vnd Wir also nomin̄rte Persohne approbiret, so mögen darauf Burgemeister vnd Rath zur Vocation wirklichen schreiten, auch dieselbe in Schrifften ausfertigen, doch also vnd dergestalt, daß solcher schrifftlichen Vocation ausdrücklich inseriret werde, daß Burgemeister und Rath selbigen Pastorem mitt Vnserm Consens vnd Vorwissen, auch auf vorhergehende Vnsere approbation und Bestettigunge vociret und gefördert haben, damit also jus patronatus Vns in ipsa verbleiben, Burgemeister vnd Rath aber, wie mit den Kirchengüthern auch geschicht, deßen Administratores seyn mögen; dannenhero dann auch Burgemeistere vnd Rath in der Vocation sich nicht Patronos nennen sollen.

Sonsten soll es mit dem Examine Ordinatione et Institutione selbigen Pastoris gehalten werden, wie oben berührt vnd der Kirchen-Ordnung in allem gemeß.　Wie es denn auch Vns allewege frey seyn soll mit der Visitation der Kirchen zu Stolpe ebener Gestalt, als in anderen vnseren Landen vnd Städten verfahren zu laßen.

Ob Wir auch woll vermöge ietzo erfolgten vnd obverstandenen Vergleichs befugt wehren Burgemeister und Rath dahin in Gnaden zu weisen, daß sie den hochgelahrten vnsern lieben Andächtigen Ehrn M. Andream Proelæum, welchen sie Vns zum Pastorn, auf Absterben des vorigen nominiret vnd angegeben, zur Probe Predigt Vns sistiren vnd gestellen müsten: So erinnern Wir Vns doch deßen gnädig, daß Wir gedachten M. Proelæum hiebevohr schon in seinen Predigten gehöret, vnd daraus so viel angemerket und vernommen, daß er zu diesem officio gnugsamb qualificiret, inmaßen er auch allbereits zum Gottesdienst der Gebühr ordiniret, derwegen wollen wir auch ohne fernere denomination und præsentation erwehneten Herrn Proelæum zum Pastorn in Vnser Stadt Stolpe, Krafft dieses approbiret

biret vnb beſtettiget auch Burgemeiſter vnb Rath, in Gnaben freygeſtellet haben' obvernommener maſſen ihm die Vocation auszufertigen; boch ſoll dieſes zu keiner Nachfolge angezogen, beſondern, wie oberwehnet, in anbern begebenben Fällen allerbings gehalten werben.

Wie nun hiedurch alle, wegen juris patronatus zu Stolpe vorgeweſene Irrungen zu Grunde hingerichtet vnb auffgehoben: als haben Wir auch bieſes vmb mehrerer Gewißheit vnb vrkünblicher Verſicherunge, mit Vnſer fürſtlichen ſubſcription vnb Verſiegelunge bekräfftigen wollen. Können auch geſchehen laſſen, wie zuvohr Burgemeiſtere vnb Rath vnter ihrem Stabeſiegull einen beglaubten Schein, baß ſie bieſem allem wirklichen geleben vnb nachſetzen, auch in allen puncten vnb clauſulen genehmb halten wollen, vor ſich vnb ihre Nachkommen einſtellen werden, das ihnen dieſe Vnſere Vrkunbe bargegen auegegeben werbe. Datum in Alten Stettin ben 20 Decembris Anno 1621.

(L. S.)

BOGISLAUS manu propria.

Beylage C. zu §. 15.

Kaiſer Carl bes Fünften Pönalmandat an Herzog Barnim vom 20 Junii 1543.

Wyr Karll ber fünfft von Gots gnaden römiſcher Kaiſer, zu allen zeyten mehrer des Reichs, yn Germanien, zu Hiſpanien, baider Sicilien, Iheruſalem, Hungeren, Dalmatien, Kroatien Koning rc.

Entpieten dem Hochgebornen Barnim, Herzogen zu Stettin, Pommern, der Caſſuben vnb Wenden, vnſerm lieben oheimen vnb Fürſten vnſer gnad vnb alles guet. Hochgeborner lieber oheim vnb fürſt! Vns haben vnſere vnb des Reichs liebe getrewen Burgemaiſter, Rath vnb gemaine Stat Stolp mit clag fürpringen laſſen, wiewol nach vermüge gemainer Kaiſerlicher recht, auch vnſer vnb bes reichs aufgerichten vnb allenthalben

II. Beytrag. F auff-

auffgekündten Landtsfrybens vnd des Heylligen Reichs Ordnung vnd maing-
feltigen abschiden vnd vnserm zu Nürmberg auffgerichten vnd volgendts
zu Regenspurg erstreckten fridstandts außtruklich fürsehen, daß Nymand
ausserhalb Recht seyner guetter vnd ander gerechtigkaiten rueliclicher Possession spolieret vnd entsetzt werden soll. Jedoch solches vngeachtet hette
dein lieb sich newlicher zeit villeicht auff anlaittung ihrer mißgonner vn-
derstanden an ihrer privilegien, freyheiten, alter Herkommen, Rechten
vnd Gerechtigkaiten eintrag zu thun vnd ynen yren pfarrhoff, die widem
genant, ynen zuegehorig mit seyner ein vnd zubehörungen an acker vnd wysen, davon nicht allain nach christenlicher Ordnung die Kirchendiener vormals erhalten, sondern sy auch von demselbigen wirhum yr yerkliche gerech-
tigkait von alter her emphangen hetten, derglaichen zway kloster yn yrer
Stadt, daryn Münch vnd Nonnen enthalten worden vnd deren weltlich Oberkait vnd Verwaltung ynen von alter her zustendig vnd sy des
auch in langwyrigem geprauch vnd ruelicher posseß lengen den sich menschen gedenken erstreckt, gewest, wy sy dan das durch glaubwirdig Be-
weysung vnd scheyn yrer gegebenen freyhaiten darthun mogen, mit gwaltl-
ger that, verlangts Rechtens entzogen vnd eyngenommen haben, welches
ynen zu merklicher Beschwerung vnd nachtaill raichte, vnd Vns barauff
diemuetiglich angeruffen vnd gebeten gegen solcher gwaltigen Handlung vnser gnedich eynsehen zu thun, vnd solche turbierung vnd gwaltig eyngriffe
gnediglich abzuschaffen.

Diweyl Vns ban geburt mennigclich vor vnpilligem gwalt zu schue-
tzen vnd das auch zu thun gemaynt seyn: So geytzen Wir dir hyrauff,
von Romischer Kaiserlicher macht, bey vormeydung vnser schweren Vngnad
vnd straff vnd bey den poenen yn gemeldten vnsern Reichs abschyden, Ordnung, außgekundten Landtsfryden vnd frydstandt begriffen, hiempt ernstlich vnd wollen, das du den bemelten Burgemaistern, Rath vnd gemainer Stadt Stolp den gemelten pfarhoff samt desselben Zuegehorungen,
widthumb vnd gerechtigkaiten auch die zway closter, mit derselben ein-
vnd Zuegehorungen, vnd was du ynen oder den yren an solchem allem ab-
getrungen, vnd wider yre alte hergeprachte gerechtigkaiten gewalts entzogen hast, furderlich one allen Verzug, entgeltnis oder abgang gentzlich eyn antwurtest vnd zuestellest, oder zuestellen verschaffest vnd furter
die gemelten Burgemaister Rath vnd gemain myt solchen vnd derglaichen eyngryffen, Turbierungen vnd vorhinderungen vnbelestigt, sonder
sy bey Rechten vnd yren alten Herkommen, gerechtigkaiten, geruelig-
clich

etlich pleyben vnd ſich des geprauchen laſſeſt, ſy daran nit yrreſt noch hinderſt, noch des yemants andern von deynetwegen zu thun geſtatteſt, vnd hieryn kain anders thueſt, noch vngehorſam erſcheyneſt, als ſyb dyr ſey obgemelt peen vnd ſtraff zuuermayden; Wo du aber gegen benenten Burgemaiſter, Rath vnd gemainer Stadt Stolp oder den yuen vorwanten derhalben ſpruch vnd forderung zu haben, vnd ſy deren nit zu erlaſſen gedechteſt, dieſelben an ordentlichen Orten ſuecheſt, wy recht iſt, vnd dich alſo in ſelbigem fall ordentlichen rechtens benügen laſſeſt.   Darun thuet beyn lieb vnſern ernſt-lichen Wyllen vnd mainung, dan wo deyn lieb auff derſelben thatlichen furnemen verharren vnd vngehorſamlich erſcheynen, wurden Wyr verurſa-chet wyder dich, mit obgedachten ſtraffen vnd peenen vnd in ander weg, was ſich wider vnſer vnd des Reichs Vngehorſamen zu thun gepürt handeln vnd procedieren laſſen, des Wyr doch deyner lieb zu gnaden vil lieber vn-terlaſſen ſehen.   Gegeben vnter vnſerm auffgedruckten Jnſigel yn Vnſer vnd des Reichs Stadt Cremona am zwantzigſten Tag des Monats Junii Anno etc. ym drey vnd virtzigſten, Vnſers Kaiſerthums ym trey vnd zwan-tzigſten vnd Vnſerer Reiche im acht vnd zwantzigiſten.

Carolus

+

V_{naues}

Ad mandatum Ceſaree et catholice
Mtis proprium

J. OBERNBURGER.

Beylage D. zu §. 15.

Kaiſer Carl des Fünften Beſtätigung aller Privilegien der Stadt Stolp, oder die ſogenannte güldene Bulle vom 18 Jun. 1543.

Wyr Karll der fünfft von Gots gnaden Romiſcher Kayſer zu allen Zey-ten merer des Reichs, Koning in Germanien, zu Caſtylien, Arra-gon, Leon, bayder Sicillen, Jheruſalem, Hungeren, Dalmatien, Croa-tien,

tien, Navarra, Granaten, Toleten, Valentz, Galltien, Mayorica, Hispalis,
Sardinien, Corduba, Corsica, Murtien, Glennis, Algarbien, Algezieren,
Gybraltar, der Canarischen vnd Ynblantschen Ynsulen vnd der Terrefirme,
des oceanischen Mers 2c. 2c. Ertzhertzog zu Oesterreich, Hertzog zu Burgundi, zu Lotterigk, zu Brabant, zu Steyer, zu Kernbten, zu Krain, zu
Limpurg, zu Lützenburg, zu Gelbern, zu Calabrien, zu Athen, zu Neopa-
trien vnd Wyrtenberg 2c. 2c. Graue zu Hapspurg, zu fflandern, zu Tyrbl,
zu Gortz, zu Barcinon, zu Arthois, zu Burgundi, Pfaltzgrauen zu Henne-
gaw, zu Holland, zu Seelande, zu Phlerbt, zu Kibyrg, zu Namur, zu Rof-
filion, zu Cerltania vnd zu Zutphen. landt Graue yn Elsas, Marggraue
zu Burgaw, zu Oristani, zu Gotiani vnd des Hay. Rö. Reichs fürst zu
Schwaben, zu Catalonia, Asturia 2c. 2c. Herr yn Friesslandt, auff der
windischen Mark, zu Portenaw, zu Bißcaya, zu Molin, zu Saluis, zu Tri-
poli vnd zu Mecheln 2c. 2c.

Bekennen öffentlich myt bissem Brieff vnd thun khund allermenniglich, als vnß vnsere vnd des Reichs lieben getrewen, Bürgermeyster vnd
Rath der Stad Stolp durch yre Erbare Bottschafft vndterthenigllichen fürpringen laffen, wie bas Ynen ayn zeyther an yren langhergeprachten freyhayten, gnoden, gaben, brieffen, priuillegien, handuesten, Recht vnd
gerechtigkhaiten vnd gueten gewahnhaiten vnd benselben zuwyder von etlichen Fürstenstandts, vnd andern, auff Anstiftung Yrer mißgunner, aller-
lay wyberwertigkhaiten vnd Beschwerung begeguet vnde zuegefugt, dar-
durch sy zum theyl vber menschen gedenken herprachten possession, geprauch vnd nieffung, vnerlangts rechtens entsetzt werden, vnd Vns darauff
biemuttiglichen anruffen vnd pitten laffen, bas Wyr Ynen alle vnd Ygliche
Yre gnaden, Freyhaiten, Brieff, priviegien, handuesten, Recht vnd gerechtigkhaiten, so sy, vnd gemaine Stadt Stolp, von weilent vnsern Vorfahren am Reich Rö. Kaysern vnd Kunigen auch andern ffürsten vnd Herren redlich erworben vnd herpracht, besgleichen andere yre rechtmeffige
alt, löblich vnd guete gewanhaiten byßher gehapt vnd sich der geprauct
vnd genoffen hetten, als Rö. Kayser zu vernewen, zu confirmiren vnd zu
besteten, sy auch mit sampt yren verwandten, vndterthanen, Leuthen,
houen, guetern, renthen, Zinßen gülten vnd zuegehorungen, wy by gnant,
vnd wo by gelegen seind, nichts außgenommen yn Vnsern vnd des Hay.
Reichs sondern Verspruch, schutz vnd schirm zu nemen vnd zu empfahen gne-
biglich geruehten.

Dweyl vns dan, alß Römschen Kayser gepurt, alle vnd yede gehorsamen vnsere vnd des Reichs Ynwoner vnd getrewen, für vnpilligen beschwerden vnd gwalt zu vorhueten vnd zu beschirmen, das Wir demnach angesehen haben solch yr vleissig vndertenig Bitte, auch die getrewen angenemen vnd vleissigen dienst, so dyselben Burgermaister, Rath vnd gemayn Stabt Stolp vnd yre fordern vnsern vorfahren vnß vnd dem hayligen Reich gethan haben vnd hinfuran yn künfftig Zeit wol thun mögen vnd sollen. Und darumb, myt wolbedachtem mueth, gutem Rath vnd rechter wyssen, vnd von Vnsernn sondern Kay. Gnaden, den gemelten Burgermaistern vnd Rhat der Stadt Stolp alle vnd ygliche yre gnaden, freyhayten, Bryeff, priuileglen, handtuesten, Recht vnd gerechtigkhait, so sy von Vnsern vorfahrn Rö. Kaysern vnd Koningen, Vnß vnd dem Hay. Reich, auch andern ffürsten vnd Herrn reblich erworben haben, vnd ynen gegeben seynd, vnd darßu yre alte gute gewohnhayt vnd loblych herkommen die sy reblich herpracht vnd gepraucht haben, als Rö. Kayser gnedigklichen ernewet, confirmirt vnd bestettiget: sy auch, myt sampt allen vnd yglichen yren verwanthen, Vnderthanen, leuthen, Houen, guetern, renthen, Zinsen, gülthen vnd jugehorunghen, wie die genant vnd wo die gelegen seyndt, nichts außgenommen, die sy yßunt haben vnd besißen vnd hernach reblich vberkommen mögen, yn Vnsern vnd des Hay. Reichs verspruch, schuß vnd schirm genomen vnd empfangen, verneuren, confirmiren, bestettigen ynen solchß alles, nemen vnd empfahen sy auch in Vnsern vnd des Reichs sondern verspruch, schuß vnd schyrm, alles von Rö. Kay. macht vollkommenhait, wyssentlich in Krafft diß Brieffs, vnd meynen, seßen vnd wyllen das nunhin faran die obberurten yre priuilegien alle vnd yede befundere in allen vnd yegelichen yren puncten, worthen, clauseln, artikeln, Inhaltungen, Maynungen vnd Begriffungen, ganß mechtig vnd krefftig seyn, alß ob die von worth zu worth yn dießem vnserm Bryeff begryffen vnd geschryben stunden, vnd das dieselben Burgemayster vnd Rhat der Stabt Stolp beruehlich vnd genßlich dabey pleiben, sich der aller frewen, geprauchen, nußen vnd niessen mugen.

Sy sollen auch hinfuran myt allen yren verwanten, vnderthanen, leuthen, houen, guetern, renten, Zinsen, gülthen vnd jugehorungen, allß wie oberzellet aller vnd yglicher eher, wurde, gnad, vortheill, Recht, gerechtigkhait vnd guet gewonhaiten, frewen, haben geprauchen, nußen vnd niessen, wie ander so in Vnser vnd des Reichs sonder gnad, Verspruch, schuß vnd schirm sein, haben vnd geprauchen von Recht oder gewonhayt von

aller-

allermenniglich vnvorhinbert. Vnd gepieten barauff allen vnd yglichen
Churfürsten, Fürsten Geystlichen vnd weltlichen vnd sunderlich allen Her-
tzogen zu Stettin vnd Pommern, Prelaten, Grauen, Freyen, Herren,
Ryttern, Knechten, Haubtleuthen, landvoyten, Wißbomben, Voyten,
phlegern, verweseren, amptleuthen, schultheißen, Bürgermaistern, Richtern, Rethen, Bürgern, Gemaynden vnd sunst allen andern Vnsern vnd des
Hey. Reichs Vnderthanen vnd getrewen, in was Wirden, stands oter wesenß
die seye, ernstlich vnd vestiglich myt diessem Brieff vnd wellen, das sy die
obgemelten Bürgermaister, Rhat vnd gemayn Stadt Stolp, bey voran-
gezaigten yren gnaden, Freyhaiten, Brieffen, priuilegien, Handuesten,
Rechten, gerechtigkhaiten, alten Herkommen vnd gueten gewohnhaiten
vnd dieser vnser Kay. confirmation vnd bestetigunge auch vnsern schutz vnd
schirm geruehlich bleyben vnd sy daran nicht hindern oder irren, noch des
yemants andern zu thun gestatten in eynicherley weyse sonder der genßlichen
geprauchen nutzen vnd geniessen lassen, sy auch dabey von vnser vnd des
Hay. Reichs wegen getreulichen handhaben, schützen vnd beschirmen, alß
lieb ynen allen, sambt vnd yden besunder sey vnser vnd des Reichs schwere
Vngnad auch Peenen, in denselben yren Bryeffen vnd priuilegien begryffen, vnd noch weytern ein andre peen, nemlich sechßig mark lottiges golts,
die eyn yeder, so offt er freuentlich hyrwider thette, Vnshalb in Vnser vnd
der Reichs Camer, vnd den andern halben thayll den offtgemelten Burgemaister, Rhat vnd gemayner Stadt Stolp vnableßlich zu bezalen, verfal-
len seyn soll. Mit Vrkhund dieß Brieffs mit Vnser aygen Handt vnder-
schryben vnd Vnser Kay. anhangenden gulden Bull besygellt, geben in Vnser vnd des Reichs Stadt Cremona, am achtzehentenn Tag des Monats
Junii, nach Christi vnsers lieben Herrn gepurt: sunfftzehen hundert vnd
im drey vnd viertzigsten, Vnsers Kayserthumbs im drey vnd zwantzigsten,
vnd Vnserer Reych im acht vnd zwantzigisten Jare.

Carolus

Vaauei

Ad mandatum Cefaree et catholice
M^tis proprium

J. OBERNBURGER.

✦✦✦✦✦✦✦✦✦✦✦✦✦✦✦✦✦✦✦✦✦✦✦✦✦✦

Beylage E. zu §. 18.

Des Raths und der Bürgerschaft zu Stolp Vertheidigungsschrift
bey deren Vorlesung sie Dinstags nach Lätare 1544 auf dem
Rathause überfallen und bestrickt worden.

Durchsuchtiger hochgeborner Fürst vnd Herr. Wy seindt J. F. G. in
in aller vnderbenichept dankbar, dat vns J. F. G. tibt vnd dilation
vnsere anthwerdt pnthobringende gnebichlich nagegeuen. Vnd nadem wy
den gesanten besser Stadt vp circumcisionis tñi benalen vnderbeniglik J. F.
G. antolangende dewyle J. F. G. sick tho vns tho begruende willens dat
J. F. G. vns gnebichlik de tibt wenn J. F. G. ankamen wolde, mochte
ankundigen, damyt wy gefatet möchten werden tho dersülvygen tydt, J. F.
G. vmme alle so möchte vorgebragen werden genogsam vnd vollentkament
andtwort vnd Bericht tho geuen, wy weren tho den saken na ehren nottroff-
ten nicht vorsen, Darumme moste wy vns vmme eynen gelerden vnd vor-
stendigen aduocaten befliten, tho bekamen, wowoll besuluigen gesanten so-
dans mit J. F. G. Hoffmarschalke Wolff Borken geret, de ock J. F. G.
den handel vorgebragen, vndt vns die antwort gegeuen: dat J. F. G. vns
de tydt nicht anthögen konte, J. F. G. wüste süluest nicht wes J. F. G.
vorfallen konte, wy weren süluest de hendel vorthobragen vorstendich genoch,
wowol de vnseren sick der andtwort yn dem Beschwerth, dat je sulken hogen
vorstandt by sick nicht funden isst hedden, mösten auerst myt der antwort
gebult dragen.

Tho dem G. F. vnd Herr hedden wy vns yn aller vnderbenichept vorsen, wen J. F. G. vns tho besökende willens, dat vns ibtwen rhume tibt
dar tho scholde angekündiget syn, wy hebben auerst nichtes gewisses erfaren
könen. Alleine J. F. G. Cantzellen bener, Thomas Wilke, hefft vnsen gesanten tho Treptow J. F. G. Brieff den middeweken vor ocult auerreket,
wo de vnsern angekamen, den frigbach vor ocult den Brieff geäpent vnd vor-
lesen vnd dar vth vornamen, dat J. F. G. den Sondag lätare tho vns yntho-
kamen willens, hebbe wy van Stundt an, den folgenden Sonnauende vnsere gesanten geserdiget yn etlike frömbe örbere dar wy vns verstendiger leute vorsen, auerst tho keynen kamen känen yfft mägen. Tho dem ys vnse
procuratoꝛ

Procurator Magister Joan Baronach swack vnd frank, dat he vns nicht bei nen kan, vnd wen he vns schon denen konde, dat doch by ehme yst nicht ys, hebbe wy van wegen der yle, ehnen uicht bekamen kunnen. Vnd wo ock in J. F. G. lande abuocaten mochten gefunden werden, die vns in dissen sacken henbelen denen känen, wollen wy dar an keynen fleiß hebben erwinden laten a).

Angesen vnser Hoge anliggeut vnd mangell so in disser sacken vorgefallen, känen wy vns in keine ehaffte, bestendige vnd rechtmethige anthwort vnlaten, dewyle nicht enhelen personen sonder J. F. G. gemeyner Stadt hoch vnd vele daran gelegen, darmyt auerst J F. G. nicht tho ermerhende hefft, alßo wolde wy yhunder J. F. G. mit disser andtworth vorwilsen vnd, vth sonderliker auermoth, be sake vorscheuen; Syo wylle wy na vnser entsalt J. F. G. gerne beandtworden vnd tho eynem vnderricht ydtwen vorbragen. Bedingen auerst vnd protesteren hirmit solenniter, dat disse vnse Bericht der Stadt an ehrem rechte vnd gerechtligheyden nicht ofbreken schal iffte mag, vnd vor keyne rechtlike anthworde wyllen gegeuen hebben, nadem wy von J. F. G. angespraken, dat wy den Schutz Kay. Mayt. ok confirmation van beswegen vihbracht, dat wy darburch J. F. G. den gebärliken gehorsam enthenn wolden.

Gnedyger ffurst vnd Here, nadem wy vth erheffchung vnsers Eides, damit wy dem gemeynen gudt vorhafftet vnd mit ehren keinen vmgang hebben mügen, dat wy der Stadt wolgewunne vnd langkhergeprachte rechtigheyden vnd befrieyungen nicht redten scholden vnd die erholden, bo wy gemerkt, dat vth etliken vngewanliken ladungen vnd appellation yegen hoff vnd vth, gebrachten ffurstliken Bryuen, Beuel ynnwyfunge yn de gemeyne karken vnd Borger gudere wolde volgen, dat die Stadt mit der tydt alle ehre frieghende vnd sonderlicker gerechtigheyden, ehrts Stadt gerichtes vnd gemenen gutts vnd nutts vorwaltunge enfettet mochte werden, so eyn Stadt lenger stille dar tho swigen worde, weils vns, die yht im lebende vnd regiment der Stadt siend nicht allenne bey der ytzigen Borgerschaffte vnd den vmbstendigen Nhabern, sonder ock by allen nakamen dessuluigen, myt grothem vnerwiderlükem Widerbringen der Stadt nachtheyll vdrucklich syn würde.

a) Es sind noch drey Schreiben von den Notarien Gumbin, Hoppe und Schütz an den Brgem. Pet. Snaue aufbehalten, darinn sie sich entschuldigen, daß sie der Stadt mit ihrem Beystande nicht dienen könnten, weil es ihnen der Fürst bey harter Strafe, sogar bey Verweisung aus der Stadt, verboten.

würde. Ebr mochte ock J. F. G. hüte ysst morgen billich vns vorwarpen,
bat wy als die vorgetene vnser trew gehandelt, yn dem, bat wy J. F. G.
der tugent nicht geachtet, bat J. F. G. vns hören bud by vnsern gerechtigheyden vnd frygheyden handhebben vnd schütten würde, so J. F. G. der
mit grunde berichtet worden weren, ehr den de vns, durch bösen engennüt-
tigen bericht, J. F. G. geschen, yntwende vnd affgebrungen mpt fürstlichen vchbrachten mandaten. Vch welkem Bedenken vnd keynem andern eyn
Rabt J. F. G. Stadt, tho sampt den Olberlüben vnd Zunsstmeysteren bewogen Erstlich mit flehentlichen vnderbenigen berichtbreuen der Stadt ge-
rechtigheyt vnd frygheyt by J. F. G. tho erholden, vnd doch ane frucht,
vns darumb etlike yare bemögt, des wy genoghsam bewys mit J. F. G.
egenen reserlpten hetten, wo idt van nöden, bat die vpgelecht scholden werden, tho erwisung vasers mannigfaldigen vnderbanigen erschlendes J. F. G.
bat vch der Stadt derwegen geschenys, wo J. F. G. Hoffrethen vnd fast
dem gantzen lande woll witlich, bat die Stadt tho sampt der geloffwerdi-
gen affschrifften ehrer priuilegien, donation vnd besterigung dersuluigen vele
Supplicationes vnd Ber▮▮breue, of sendebaden geschickt hefft.

Nadem auerst befunden worden, bat de Stadt mit solken ehren beschi-
cken, schriuen, bidden vnd flehen nicht hrfft mügen vthrychten, vnd wa
woll vns vor J. F. G. vnd für J. F. G. rethe ock de gantze landtschop vnd
vor vnpartigesche Richter tho velen malen tho rechte erbaden, bahen wy vns
ock noch erbeden, hefft alles nichtes geholpen, darburch synbt wy bewagen
worden na der hülpe tho trachten, welkere Gobt vnd de rechte, yn disser
welt thum vtersten schutt gegeuen. Römlich die ordentlicke gerechtlicke Gewalt vnde macht Kayserlicker Mayt. Vnsers allergnedigsten Hern, antoro-
pen, daran die Stabt keynes vngehorsams ober empörung mit rechte be-
thiet, vnser vorhapendes, von ymands müge werden, went bat ys ho ein
gewiß vnweddersprecklich recht, bat die keyner mißhandlung gegen syner
aurlckeyt betieget vnde beschuldiget mit grunde der rechte moge werden, die
nicht modtwillichlick sick webber syne auerckeyt gebot, sonder mpt erbeU vnd
rechte gebenkt ober vormeynet tho schütten. Est enim apertissimi juris, quod
is, qui iure suo vtatur, nemini injuriam fecisse, vllo modo dici possit juxta C. cum ecdes in vlterana extra de electione, et ibi glosl. atque canon
iste et doctores juris ciuilis cit. tex. L. injuriarum §. 1. ff. de iniuriis.

Dat auerst die Stadt ehres rechten gebrucket bat ße den schutz Kay.
Mayt. angeropen vnde ersocht bat is am dage vth dem bat yederman kundt-

lich dat dat fürstendom Pamern, dar yn Stolp belegen Kay. Mayt. obern
gerichte vnderworpen vnd alle eydt beropunge an diesäluige von den Hern
tho Pamern bennenigen gestadt ys worden, die sich dorch erer gnaden gerichte beswerct befunden, wo geminichlich yn andern fürstendhomen des
Ricks, die daran durch die gulbene Bulla nicht gefriget sindt. Vnd mogen
derhaluen wy armen J. F. G. vnderban keiner vngehorsamlicher vpleggunge
beschuldiget werden, den wo ydt dar Hen kamen scholde, dat die vnderdha-
nen vngehorsam the achten, die sick rechtes orbentlicher gerichte webber ehre
Heren tho behelpende vnderstünden; so würde volgen, dat Heren Gebot
hoper den de rechte sälueft mit den gerichten thó achten weren welkes nicht
syn mag den aller aürichept verholdung vth der rechten verholdunge kumpt,
darup steich vnd daran hangt juxta L. digna vox c. de legibus algo dat ock
de gasse, die doch eyn groff rechtschriuer ys, stcht; dat alle herschafft van
Gobt den menschen vorlegen werden vmb der gerichte wyllen, dat recht dar-
durch tüsschen den Mynschen yn disser welt tho frede vnd tucht tho vorfügen.
Itaque et Theodosius Imperator Volusiano præfecto suo rescripsit: cum du-
bitaret an legibus potius quam Imperatoris sui ſ___datis obtemperaret, quod
reuera maius esset ipso imperio, submittere principatum legibus, adeo im-
perantum authoritas penderet de authoritate iuris d. L. digna vox C. de
legibus.

Gnediger fürst vnd Herre, wo J. F. G. mit dissem vnderdenigen bericht nicht ersediget were, so bidde wy, yn aller vnderdenichept, J. F. G.
wolde na geschreuenen, georbenthen rechten gegen vns procediren vnd ver-
mäge Kay. Mayt. vnd des Hey. Rö. Reichs ordening gnedichlick vnpertigi-
sche richter, dar für de sulvigen saken mochten vthgebragen werden nageuen,
dat wille wy vmb J. F. G. mpt liff vnd gude, alß gehorsame vnderbanen,
getrömlich vorbinen, vnd J. F. G. wert es van Gobt almechtig ricklifen
lohn vnd by ydermennichlick loff vnd rom hebben.

Wo wy ock yn dissen Hendelen, gegen J. F. G. der religion vnd scholen thom besten vnd besser Stabt wolfarth tho gude vth Juere nfft Vnuer-
stande ibtwen, des wy vns doch nicht vorßen, vorgenamen, bidden wy fle-
henlich vnd vnderdenichlick J. F. G. vns dat vmb gades wyllen gnedichlick
vortlesen vnd tho gude hölden wolde.

Beylage F. zu §. 25.

Herzog Barnims Vertheidigung seines Verfahrens gegen die Stadt Stolp den 8 April 1553 an das kaiserliche Cammergericht abgelassen.

Von Gottes Gnaden Barnim zu Stettin Pommern ꝛc. Herzog, Fürst zu Rügen ꝛc. ꝛc. Unsern günstigen Gruß zuvor. Edler vnd Wolgeborner, auch würdige, Erbare, hochgelarte lieben Besondere. Nachdem im 16 Dec. nechstverschienenen 51 Jahres eine Supplication vmb Ladung, durch Simon Wolher, im Rahmen Peter Schwefen vnd Consorten überreicht, darin angezeit: obwol durch kaiserl. Mayt. vnsers allergnedigsten Herren vnd des Heyl. römschen Reichs Ordnung verbothen, daß niemandts mit gewaltiger, frevenlicher That einen andern seines Besitzes entsetzen soll vnd die Supplicanten durch Burgemeister vnd Raht der Stadt zu Richtern vnd Alterleuten, nicht liederlicher weyse, wie sie schreiben, erwehlet in ruhsamer possession gelassen werden solten ꝛc. daß dennoch Wir die Supplicanten, alß sie auf dem Rathauß zu Stolp versamlet gewesen, durch vnser Hauptleuth vnd Vnterthan, etlich hundert stark, mit gewapneter Hand, sie überfallen lassen ꝛc. die Supplicanten gewaltiglich gefangen vnd bestrickt, Bürgermeister, Raths- vnd Alterleuths, Standts vnd Aempter, ohne fürgehendt recht, entsetzet, allein darumb, daß sie der kayserl. Mayt. ihre vnd derer gemeinen Stadt Beschwerung vor Augen gelegt, dieselben Supplicanten auf ihre Bestrickung in peinliche Gesengknüs geworffen, zu unrechtmessigen Glübden vnd Eyden getrungen, alles dem Landtfrieden, kayserl. Schutz vnd habenden privilegien zuwieder, daß auch wir dadurch die Peen des Landtfriedens vnd anders vermirckt, mit Bitt der Supplicanten Einladung ad videndum &c. mit angehengtem Poenal Mandat: die entsetzten wiederumb in ihren Standt zu restituiren, der abgetrungenen Eyde zu entledigen, dergleichen, daß Wir gegen dieselben Vns aller gewaltthätigen Handlung enthalten, bey nahmhaffter Peen, zu gebieten, untertheniglich derohalben vmb Recht anrufend ꝛc.

Nachdem aber die kayserl. Mayt. vnser allergnedigster Herr darauf euch vollkommener Bericht und Gestalt der Sachen, beständiger weiß, un-

G 2   verzügs

verzüglich zukommen zu laſſen von uns gefobert, damit gedachten Supplicanten Recht und die Billigkeit auff ihr Anruffen mitgetheilet werden möchte, welches Uns am 18 Febr. des nechſt verſchienenen 52 Jahres verkundi-
get worden. Demnach Wir zum unterthenigſten Gehorſamb der kayſerl.
Mayt. unſern allergnedigſten Herren nachfolgenden warhafftigen Berichte
auf das zuſammengetragen ungegründt Suppliciren vorlengs, wo die Zer-
rüttung Ew. Kayſerl. Mayt. Cammergerichts nicht fürfallen, wollten gethan
haben.   Nun aber ſind wir Ergentzung deſſelbigen ſolchen Berichts euch zu
thun bewogen worden, nemlich daß Wir in alweg (jedoch ohn Ruhm ge-
redt) des Friedes, alles unterthenigſten Gehorſambs gegen Hochg. Kayſerl.
Mayt. Uns befliſſen und dieſelben verhalten, auch gegen unſer Unterthanen,
Rath, Communen vndt entzlen Perſonen der Stadt Stolp Uns gnediglich,
dieſelbe zu ſchützen, bey dem Ihren zu laſſen, Recht vndt juſtitiam mitzuthei-
len, aller fürtrefflichen gebühr nach (alles ohne Ruhm zu reden) verhalten.

   Nachdem aber beyde zwiſchen dem Rath untereinander auch der Gemeyne gegen den Rath, vorgemeldten Städtlein, viel Spaltung nun lange
Jahr geweſen, iſt ſeel. Gedächtnüß Herzog Georg, weilandt zu Stettin
Pommern Herzog ꝛc. Unſer freundlicher lieber Bruder, der neben Uns in
ſämtlicher Regierung geſeſſen, Anno, als man der ringern Zahl 25 geſchrie-
ben, nicht allein verurſachet, ſondern als der Erbherr, aus landsfürſtlicher
Obrigkeit, gedrungen worden in die Stadt Stolp mit nothdürftiger Rü-
ſtung vndt Anzahl Haußgeſindes vndt andern von der Ritterſchaft ſich zu begeben, den Zwieſpalt, ſo damals zwiſchen Rath vndt Gemeine zu Stolp
geweſt, auch die Empörung Raths vndt Gemeine (darin ſie Kayſerl. Mayt.
auch gemelten unſern freundlichen geliebten Bruder vndt Uns gegen die
Mandata vndt Edict, der chriſtlichen Religion halben, damaß publiciret,
vor allen andern Pomriſchen Städten vndt Ständen ſich eingelaſſen) zu ſtil-
len vndt, nicht nach Verwirkung, ſondern nach gnade dieſelben zu ſtraffen,
vndt iſt damals Burgemeiſter, Rath, Werck vndt gantzen Gemeine bey
Verlierung ihrer habenden Privilegien auch hoher Straff auferlegt, daß
ſie hinförder Spaltung vndt Empörung meiden, des ſchuldigen Gehor-
ſams ſich, wie ſie denn ſonſten auch durch das gemeine Recht vndt ihre
Stadt Privilegia verpflichtet, gehorſamlich, auch des alten ordentlichen Ge-
brauchs vndt Rechts Raths Perſonen in Stadt der abſterbenden zu erweh-
len, verhalten ſolten.

Vndt

Vnbt wiewoll Wir vermeynt, daß durch bewiesene Fürstl. Milte vnbt gnade sie solchen fürstlichen ernstlichen Geboten solten wirklichen gehorsambt vnbt gehalten haben vnd den eingerißenen Unwillen, Neyd, Abgunst vnbt Muthwillen, Newerung vnd Spaltung zu suchen gentzlich abgestellet haben: So haben sie doch, des alles ohnangesehn, solche Empörung vnbt Zwiespalt wiederumb erwecket vnbt erweitert, vnd haben sich die Raths Personen abermahl untereinander gespalten vnbt etzliche derselben heimlichen vnbt offentlichen Anhang bey den Amtleuthen (Handwerksleuten) auch Privat Personen der Gemeine gegen das ander Theil gesucht, ihre Practiken durch Simon Woldern getrieben, vielerley Rotten vnbt Ungehorsambs bey der Gemeine untersetzet vnbt zuwege gebracht, auch die Sachen dahin befodert, vnd wider alt Herkommen ordentliche Recht, auch vorangemelt Verboth, so Hertzog Georg gethan die Gemein sich zusammen gerottet, etliche Perso= nen in stabt der Verstorbenen zu Raths stande zu setzen, Burgemeister vnbt Rath fürgestellt, dieselbe in den Raths stand aufzunehmen, alles der Mel= nung, damit das Ein theil des Raths über das ander sich erheben vnbt sein faction erweitern möchte.

Nachdem aber gleichwol baßelb aller maßen, wie gehofft nicht für sich gegangen, haben die Supplicanten oder das theil, so demselben anhengig geweßt, sich an Uns verfügt vnbt wider das ander Theil Beschwerung ange= zeigt, dadurch wir bewogen alle Personen des Raths zu Stolp Anno 1540 vor uns zu bescheiden, die Sachen beyderseits zu verhören, darin gebührl. Justitiam zu administriren, vnbt nachdem in derselben Verhör Peter Schwave vnbt seine Consorts vor sich dem Rathstande renunciiret, haben Wir die Renunciation in Vnser Hande behalten, vnbt ferner verabscheidt, nachdem vorangeregte Irrung ohne vollkommene genugsame Erkundigung endlich nicht zu entscheiden, daß wir geneigt, eigener Person, zu Stolp einzukommen vnbt dermaßen in die Sache zu sehen, daß die Zwietracht der Vielheit möge abgethan vnbt der Raths Standt der Gebühr nach bestellet vnbt die Sachen zur Ru vnbt Einigkeit gebracht werden sollen.

Vnbt der Hochgeborne Fürst Herr Philipps zu Stettin Pommern rc. Her= zog rc. Unser freundlicher lieber Vetter, etliche Monath hernach, die Erb= huldigung von der Stadt Stolp empfangen, hat seine Lieb aus sonderlichen Gnaden die Partheyen vor sich beschieden, dieselben gnediglichen zur Einig= keit ermahnen vnbt bewegen wollen, Jedoch alles der Ungestümigkeit der grossen eingerißenen Feindseligkeit halben unfruchtbarlich, vnd hat sich als

G 3

die Spaltung mit der Zeit je lenger je ferner ausgebreitet, dermaßen daß der Supplicanten theil das Größeft der die Gemein zu ihrem Gefallen erreget den richterl. auch anern fürftl. Gebothen zu gehorfamen sich geweigert, vndt der Fürstl. Jurisdiction sich zu entziehen allerley muthwillige ausflucht gesucht vndt die Gemein mehrmal versamlet wider Vns verhetzet vndt gesagt: Sie solten die Mäuler auffthun, in ofen wollen sie nicht kriechen. Er freße lieber vom Hunde denn die Hunde von ihm, alles unter dem Schein als solte ihnen durch Vns die Rechte vndt Privilegia, damit sie bewidmet, nicht gehalten worden seyn auch dermaßen, daß sie beyfügt: sich unter andere oder fremde Herrschaft zu begeben, wie sie denn auch des mermal gesagt, wie ihnen gemelter Tractat nicht gehalten so doch im Grunde wahr vndt öffentlich, daß denen von Stolp von ihrer Befrenhung nichts entzogen, sondern daß sie, wie obftehet, von dem schuldigen Gehorsamb sich abgewendet vndt der Fürstl. Jurisdiction zu entschlagen, dieselb unter sich ziehen wollen, zu Beschauung aber ihres freventlichen Muthwillens, dem armen gemeinen Mann das Maul aufgesperret vnd vertröstet, da sie von der Rom. kayserl. Mayt. Beftetigung ihrer Privilegien erlanget, vndt in Schutz derselbigen genommen worden, daß sie dadurch aus altem Fürstl. Gehorsamb vndt Geboth gezogen werden möchten.

Demnach denn Wir (wo wir nicht wollen sehen, daß Vns aller schuldiger Gehorsam entzogen werde vndt die aufrührigen überhandt nehmen vndt alle Erbarkeit vertruckten) genötiget Vns in die Stadt Stolp zu begeben, den Raths Stand auch andere Stände zu beftellen, unsre Stadt zur Ruhe vndt Einigkeit, auch gebührenden schuldig n Gehorsamb, zu bringen, sindt Wir bewogen worden diejenigen, so die Spaltung verursachet, erweitert, Sel. Gedächtnuß Herzoge Georgs, unsers freundl. lieben Bruders vnd unser Geboth, die gülden Bull vndt andere kayserl. Satzungen und Ordnung auch der Stadt Stolp Privilegia verbrochen, den gemeinen Haufen angehetzt, gefeiret, desselben sich getröstet, darunter denn die Supplicanten auch geweft, den fürstl. habenden Regalien vndt Gwalt nach zu strafen, vndt haben doch ihm solcher Straff mehr unter der Fürstl. Gnade, als deß ernftes gebraucht. Die Supplicanten haben auch damals die erzeigte Begnadigung zu großem Dank gutwillig angenommen vnd durch gewöhnliche Vrpfäht mit ihren Gelübden vndt Eyden noch begehrt Dero entbunden zu werden, derowegen sich billigen Dero schuldig zu halten.

Darauß

Darauß nun ihr abzunehmen daß wir die Supplicanten ihres Rath=
vnd andern Standes gewaltiglicher nicht entsetzet, sondern daß sie vorhin
freywillig derselben renunciirt, vnd nicht ohne, daß dieselben sich mit der
that verwirkt, daß wir auch durch die gebührliche Ubung vnsrer Jurisdiction,
zu Stillung der Empörung vnd Auffruhrs, wider Recht vnd den ausge=
kündigten Landtfrieden, nichts gehandelt vnd umb solche Stillung der Un=
terthanen Empörung vnd Auffruhr, wie wir den von Recht vnd des Rei=
ches Ordnung noch zu thun schuldig, billigen von allen Ehrliebenden Lob
zu ersehen vnd den Unterthanen, so wider solch ihrer Gebühr Auffruhr ge=
stifft nicht gestattet worden, derohalben die Obrigkeit im Rechten umb zu zie=
hen vnd zu mehrerer Unruhe Ursach zu geben, sonst würde keine Auffhö=
rung vnd der Obrigkeit von Gott vnd den Rechten befohlenen Gewalt ge=
stürzet, das ihr habt zu bedenken vnd grösser Auffruhr nicht Ursach zu ge=
ben vnd wiederholen alhie die Urtel auff den ersten Tag des Monaths Se=
ptembris Anno 51. an diesem Cammergericht wider ermelte Supplicanten,
so sich, als von wegen der Stadt Stolp vnd auß Befehlich, doch mit der
Vnwarheit, zu clagen angemaßt.

Bitten demnach die Supplicanten in ihrer Ansuchung der Ladung auff
den Landtfrieden auch andern Mandaten nit zu hören, sondern da sie ja Vns
vnangesprochen zu laßen nicht vermeynten, sich des ordentlichen Rechtens
wider Vns, laut der Reformation vnd Ordnung in erster Instantz zu behie=
nen, welche wir ihnen geneigt seyn nicht fürzuenthalten.

Nachdem auch die Supplicanten sich bey euch angegeben, daß sie in
Furchten vnd Fürsorg allerley thetlichen Handlungen halben für Vns sitzen,
vnd darumb bey euch ansuchen Vns bey einer nahmbafften Peen zu gebie=
ten solcher thetlicher Handlung Vns zu enthalten rc. Wißen wir auch dar=
auff vnangezeigt nicht zu laßen, daß Supplicanten zu dem keine Ursach
durch Vns gegeben, auch gar keine thetliche Handlungen, darin sie durch
Vns mit oder ohne Mittel beschwert, anzeigen mügen, sondern daß das
Gegenspiel am tage, daß die Supplicanten sich alles ordentlichen Gehor=
sambs, Gerichts vnd Gebots in vnser Stadt Stolp, wegen der Dienst=
bahrkeiten vnd Pflichten, so sie des Bürger Rechts halber zu thun schuldig,
frevendlich eußern, der Meynung der Rom. Kayf. Mayt. vnsers allergne=
digsten Herren Schutzes nicht zum Recht sondern zur Vnbilligkeit vnd Be=
stettigung ihres tödtlichen frevendlichen Fürhabens zu genüßen.

Bitten

Bitten abermals die Supplicanten auch dieses Falls nicht zu hören, sondern dieselben ernstl. zu verwarnen, daß sie ihres Gehorsambs die schuldigen bürgerlichen Pflichten, sich, bey Vermeydung bürgerlicher Straff, nicht vorenthalten.

Dargegen Wir den erböttig die Supplicanten forthin, wie bißhero beym Recht, bürgerlichen Gerechtigkeiten vndt aller Billigkeit, wie andere Bürger zu Stolp zu schützen vndt zu schirmen vnd solche ihnen wiederfahren zu laßen vndt also daß die Supplicanten zumahl keines weitern Mandats von nöthen vnd solches allein Vns bey euch zu verunglimpfen vndt euch einzubilden herfür gebracht. Welches alles Wir euch günstiger Meynung Berichts Weise auff das unerfindliche Simon Wolders vndt seines Anhanges Suppliciren nicht sollen verhaltten. Datum in vnser Stadt Alten Stettin am 8 tage des Monaths Aprilis Anno &c. im 53.

Dem Edlen vndt Wolgebornen auch wirdigen Erbarn vndt HochgeEhrten, Vnsern lieben besondern Wilhelm Wernern Graven zu Zimbern Hn. zu Willenstein Rom. Kayserl. Mayt. Cammer Richtern vndt deßelben Beysitzern.